«Madeleines»

ANDREA VITALI

LE TRE MINESTRE

MONDADORI

Avvertenza per i lettori
Per le parole e le frasi in dialetto
è stata adottata una grafia semplificata
più vicina alla pronuncia effettiva.

Pubblicato in accordo con Factotum Agency - Milano

© 2013 Mondadori Electa S.p.A., Milano
Mondadori Libri Illustrati
Tutti i diritti riservati
Prima edizione: gennaio 2013

www.librimondadori.it

"Di questo albergo ove abitai fanciullo"
Giacomo Leopardi, *Le ricordanze*

La storia che segue è un atto d'amore

I

Se ho imparato che la minestra è la biada dell'uomo, lo devo al fatto che le mie tre zie di campagna me lo hanno ripetuto un considerevole numero di volte, generando in me il pensiero che se anche l'uomo ha bisogno di una biada purchessia, significa che è bestia al pari delle altre. Non che mi abbiano convinto del tutto. Ma quando sotto il naso mi mettevano un piatto di minestra, dal minestrone al semolino, dal riso e latte al riso e prezzemolo per finire con i "granèi", dovevo mangiarlo. L'alternativa non era contemplata.

Benché zitelle, le tre erano donne dotate di una particolare apertura e attenzione nei confronti del mondo e dei suoi mutamenti. E quando restarono sole in casa si diedero uno *status* che al mio sguardo di bambino le fece assurgere a ruolo di ministri, con compiti ben precisi, equamente ripartiti. Scomparti separati, ma non a tenuta stagna. Tra di loro non interferivano, ma interloquivano nel caso di decisioni di estrema importanza per trovare una linea di comportamento comune come, appunto, quella della detta minestra, alimento essenziale per l'armonico sviluppo del corpo e della mente di un giovane quale io ero a quel tempo. Per questa ragione a un certo punto cominciai a sostituire il termine "ministro" con quello di "minestra", tenendo per me il segreto di tale scherzo innocente. Oso svelarlo ora, per più di una ragione.

Una, più di tante altre, mi spinge a raccontare di questi avvenimenti, ed è quella di aver compreso con l'età che la minestra è veramente la biada dell'uomo: un assunto che a mia volta ripeto a mio figlio, ottenendo in cambio sguardi interrogativi e richieste di pizza e kebab.

Un'altra ragione è sapere che tutto ciò che facevano, anche quella di obbligarmi a mangiare quelle minestre così poco desiderate, era in funzione del mio bene e del bene che mi volevano. Un affetto rustico, se vogliamo – dettato dalla necessità di non farmi crescere con troppi grilli per la testa –, ma profumato anche, ma non solo, dall'odore del brodo che, secondo una delle Tre Minestre, bisognava assolutamente bere dopo aver fatto un lungo viaggio, quando invece il viaggiatore avrebbe preferito un pranzo o una cena sostanziosi.

Ma il brodo: «Al nèta fò!».

Pulisce viscere e cervello dalle scorie accumulate visitando luoghi stranieri e per rientrare in sintonia con il mondo domestico è medicina insostituibile, quasi come la purga mensile.

Così proclamava il ministro degli Esteri, senza possibilità di contraddittorio.

Né da parte del sottoscritto, né da parte delle sue colleghe.

Perché, come detto, i ministri erano tre.

Dell'Interno, degli Esteri e dell'Agricoltura. I loro nomi Cristina, Paolina – detta Paola per comodità e brevità, perché il tempo era prezioso – e Colomba. Tutte e tre con uno spiccato, condiviso senso dell'economia che aveva un suo inconfondibile profumo, quello dei "fregui de bonbon", i frammenti dei biscotti che oggi verrebbero probabilmente gettati, ma allora venivano venduti a prezzo inferiore. Ogni volta che la zia Cristina usciva dal suo Ministero per provvedere alla spesa quotidiana non mancava mai di tornare con un sacchetto di quei biscotti a tocchetti che profumavano la mia colazione di un aroma addirittura speziato e che solo più tardi avrei capito provenire dall'aria della drogheria Redaelli, un meraviglioso mondo a sé dentro la vita del paese, vero e proprio paradiso dell'olfatto creato da essenze, asabesi, mentine, tè, caffè, tisane e "prodotti coloniali" in pacifica convivenza.

Questi acquisti della zia Cristina avvenivano a un'ora antelucana, quando io ancora dormivo. Ragione per la quale, non vedendola rientrare e men che meno partire, mi andai formando l'idea che lei non uscisse mai di casa. Tale convinzione era corroborata anche dal fatto che quando suonavano alla porta e lei andava ad aprire la scostava appena appena, giusto per sbirciare il volto dell'importuno; e mai la apriva completamente, sia che fosse un venditore ambulante – cui invariabilmente diceva che non aveva bisogno di niente, qualunque cosa le offrisse – sia che fosse il postino al quale, essendo il procaccia a quell'ora praticamente già ubriaco, non diceva proprio niente.

D'altra parte un ministro degli Interni non poteva fare altrimenti se non stare sempre a guardia del suo dominio, come un cane. E in effetti, detto senza offesa, la zia Cristina assomigliava un po' a un cane buono, di quelli che abbaiano solo quando hanno fame, con un "bau" sommesso.

Provvedeva lei al cibo – anzi, al "mangiare" – procurando quegli alimenti che il ministro dell'Agricoltura, la zia Colomba, non riusciva a produrre.

Ma di questo si parlerà più avanti.

II

La zia Cristina era quindi deputata all'acquisto delle derrate alimentari. Stabilito un bilancio, lo gestiva in totale libertà e nessuno osava criticarla, nemmeno quando faceva compere fuori della norma. Di alcune di queste non restava traccia: sparivano dentro le sue fauci mentre, lentamente, affrontava la strada del ritorno, cedendo a una veniale golosità. Una, però, divenne leggenda familiare, e fu quella del panino di farina bianca, acquisto effettuato in un giorno dell'autunno 1943. Ne do conto per sentito dire, naturalmente, ma essendo cittadino residente del regno delle Tre Minestre sono stato presente più volte al racconto dell'accaduto, e garantisco che è stato sempre riferito con la stessa fedeltà.

A quel tempo sorelle e fratelli, tra cui mio padre, vivevano ancora sotto lo stesso tetto: la guerra però aveva allontanato da casa i due maschi, mio padre sull'isola di Rodi, lo zio Domenico nei Balcani. Le Tre Minestre si stavano quindi esercitando a diventare "tre ministri" e avevano il loro bel daffare, poiché oltre ai tempi decisamente difficili si trovarono a un certo punto con il padre – mio nonno – seriamente ammalato e, come si direbbe oggi, allettato. Nonostante il suo stato, il nonno era comunque il centro della casa, dell'affetto delle tre zie, nonché il bersaglio delle loro attenzioni quotidiane, dispiaciute di non poter fare più di quello che già facevano per alleviarne la condizione. Il dottore, che passava regolarmente quando saliva verso la sua condotta di montagna – erano sempre stati buoni amici – si fermava regolarmente, chiacchierava qualche po' con lui, e poi diceva al ministro degli Esteri, la zia Paola, che tutta la faccenda era nelle mani del Signore: centellinando un bicchierino di liquore di ciliegie di Spagna, che gli lasciava le labbra colorate di rosa come una femminuccia, raccomandava di spingerlo a nutrirsi convenientemente perché solo un fisico forte e ben nutrito poteva riuscire là dove la scienza medica non poteva niente.

Mercé la campagna, sulla loro tavola il cibo non mancava: la fame era uno spettro che aleggiava ma non riusciva a spaventarle. Però le parole del dottore avevano fatto intuire che mancava qualcosa, quel *quid* che come l'aglio in certe pietanze le completa senza alterare il sapore di fondo. Difficile però capire quale fosse il miracoloso alimento che avrebbe dato al nonno le forze per guarire definitivamente. Non era comunque un problema che riguardava gli Affari Esteri e quelli dell'Agricoltura. Infatti né la zia Paola né la zia Colomba si posero la questione: la cosa era di stretta competenza del ministro degli Interni che alla fine giunse a una conclusione: ci voleva un po' di pane fatto con la farina bianca, alimento dal prezzo proibitivo e al quale tanti, al pari di loro, avevano rinunciato per ragioni di economia.

Presa la decisione, la zia Cristina dovette decidere il *modus operandi*. Non si pensi al ricorso alla borsa nera, non so nemmeno se fosse al corrente di questa pratica sotterranea. Piuttosto c'era da affrontare una questione etica, morale.

Il pane bianco, quando c'era, era appannaggio dei signori che se lo potevano permettere senza mettere a rischio il bilancio familiare. Il fornaio conosceva perfettamente i clienti in grado di poterlo acquistare e forse ne disponeva in quantità limitata, giusto quella atta a soddisfare le richieste della clientela più abbiente.

Poteva un ministro degli Interni esporsi al rischio, all'umiliazione di un rifiuto da parte del panettiere?

Non ci sarebbe stato niente di cui meravigliarsi se quello, pur di non scontentare qualcuno tra i solventi sicuri, si fosse rifiutato di servirla adducendo scuse.

E poi c'era anche un altro rischio, un altro più insinuante aspetto della questione: la richiesta, assolutamente nuova, avrebbe potuto generare il sospetto di illecita provenienza di quella improvvisa disponibilità finanziaria. C'era, considerando questa possibilità, il caso che venisse messa in cattiva luce la famiglia, che ne venisse compromessa la dignità.

Nemmeno da pensarci.

Dài e dài, il ministro degli Interni decise di attuare, a titolo esplorativo, una manovra di assaggio preventivo prima di passare all'azione vera e propria, e deliberò di acquistare un solo panino fatto con la farina bianca: sottigliezza da diplomatica navigata, che le permetteva di non provocare sospetti o indebite curiosità e nel contempo saggiare le virtù terapeutiche del panino stesso, verificate le quali, fornaio o no, il nonno avrebbe avuto tutto il pane bianco che gli serviva per guarire.

III

IL panino giunse in casa ben nascosto dentro la borsa di pelle nera che veniva utilizzata solo per la spesa (e dentro la quale era una vera goduria infilare la testa per saturarsi dei più vari profumi alimentari, sui quali svettava quello della Bologna).

Assenti gli altri due ministri, quello degli Esteri occupato in faccende di cui diremo, quello dell'Agricoltura naturalmente in campagna, venne servito al nonno con la raccomandazione di consumarlo prima di ogni altra cosa. Dopodiché la zia Cristina si pose di vedetta per cogliere immediatamente i primi effetti della cura.

A sera, prima di cena, il ministro degli Esteri di ritorno dai suoi affari fece visita al nonno e si trattenne con lui più a lungo del solito, cosa che mise in all'erta la collega degli Interni, poiché poteva avere più di un significato.

Quando la zia Paola ridiscese dalla camera del patriarca ed entrò in cucina dove sua sorella stava apparecchiando la tavola, si lasciò sfuggire un'osservazione: le sembrava di aver trovato un po' meglio il genitore.

«Püsè vìscol», disse per la precisione e con la concisione dei suoi pareri. Il dialetto era d'obbligo, lingua ufficiale nel regno delle Tre Minestre.

Più allegro comunque, più vivace rispetto al solito.

Il ministro degli Interni non fece una piega.

Da pacioso cane da guardia dell'ordine costituito, valutò tra sé l'importanza di quella dichiarazione, e proseguì a fare ciò cui era intenta, cioè la cena, che quella sera consisteva nella polenta avanzata a mezzogiorno, tagliata a fette e abbrustolita sul fuoco del camino, e missoltini, gli agoni secchi conservati in tolle sotto pressa con foglie di alloro, aromatizzati con aceto rosso di produzione domestica.

Un tratto caratteristico del ministro degli Interni era quello di cadere spesso e volentieri in profondi momenti di riflessione, che io spesso confondevo con sonno vero e proprio visto che si verificavano solitamente dopo pranzo o dopo cena ed erano preceduti da sbadigli musicali che facevano rizzare il pelo e le orecchie al gatto di casa.

Rispettose di questa necessità di restare a tu per tu con la propria coscienza, le altre due Minestre non avevano mai obiettato a che la zia Cristina spostasse il piatto dove aveva mangiato e, piazzate le braccia sul tavolo a mo' di cuscino, vi adagiasse la testa per dare vita a un inintelligibile borborigno che altro non era se non la voce del suo più profondo sentire.

Quella sera però il ministro degli Esteri aveva necessità di rimanere solo per via di un'udienza urgente, dovendo conferire di cosa grave con la collega dell'Agricoltura che, stante i numerosi problemi che il suo specifico incarico gli proponeva quotidianamente, quasi mai riusciva a lasciare l'ufficio prima del calar del sole e, anzi, spesso, ritornava a casa a buio fatto, e le toccava cenare in compagnia del rosario trasmesso dalla radio.

Per questa ragione, la zia Paola si permise di scuotere sua sorella e, dietro la promessa di pensare lei ad attendere la terza Minestra e lavare i piatti, la convinse a trasferirsi nel suo gabinetto privato e lì proseguire la meditazione avviata in cucina.

IV

LA lampadina che illuminava la cucina della sala da pranzo del regno delle Tre Minestre era da trenta candele.

Nell'attesa della collega dell'Agricoltura, la zia Paola aveva acceso la radio, rigorosamente sintonizzata su un unico canale, Radio Vaticana probabilmente: in ogni caso, ascoltava il rosario. La voce che lo recitava, sia detto senza offesa, induceva a pensieri malinconici, di leopardiana disillusione.

L'odore di aceto che aleggiava nell'aria faceva pensare all'emicrania poiché, in mancanza d'altro, una fascia intrisa e posta sulla fronte era il rimedio cui si ricorreva per sanare cefalee *et similia*.

Ma, soprattutto, a dare una cornice di sapore gotico all'ambiente era il ministro degli Esteri, il suo sembiante.

Aveva una complessione fisica ascetica. A volte suggeriva i tormenti dell'anima, ed ero convinto che fosse proprio lei una delle pie donne ai piedi della croce sul monte Calvario ritratta in uno degli affreschi che abbellivano il santuario della Madonna di Lezzeno, sopra Bellano.

L'insieme di tutti questi elementi, ivi compreso il camino dove rosseggiavano le braci, creò un'atmosfera dal sapore nemmeno troppo vagamente dickensiano.

Giunta a casa ed entrata in cucina, la zia Colomba si sentì turbata, il suo pensiero corse immediatamente al padre.

Ora, giova sottolineare che il ministro dell'Agricoltura aveva la struttura di un salice – i cui rami si usavano per fissare i tralci delle viti – ed era l'esatta antitesi del motto *Frangar sed non flectar*, cosa che mi offre tuttora materia per riflettere se non sia meglio piegarsi senza mai lasciarsi spezzare piuttosto che il contrario, divenendo così inutile oggetto. Inoltre sapeva di vento e come tale agiva: pericoloso non obbedirle prontamente.

Ben conoscendola, la zia Paola le disse subito che non era successo niente ma che tuttavia aveva bisogno di conferire con lei. Frase più equivoca non poteva uscirle di bocca. Tra l'altro, non vedendo la sua collega agli Interni, la zia Colomba si confermò nella certezza della disgrazia: mancava perché stava espletando uno delle sue funzioni istituzionali più tristi, vegliare il morto.

Non fosse stato per il subitaneo gesto della zia Paola, sua sorella sarebbe immediatamente corsa al piano superiore della casa dove erano sistemate le camere da letto, oltre a un locale dove venivano collocati mele e grappoli d'uva da tavola che spandevano un profumo di natalizia intimità.

Si diceva del gesto del ministro degli Esteri.

In un silenzio popolato solo dagli *amen* e dai *pate-rave* che uscivano dalla radio, il citato ministro estrasse dalla tasca del grembiale il panino di farina bianca e lo mostrò alla collega tenendolo alto con due mani. A tutti gli effetti sembrava il *tableau vivant* di una rappresentazione sacra, e mai come in quel momento, a detta della zia Colomba, sua sorella riuscì a sembrare una nipotina del cardinale Schuster. Passato il primo momento di sconcerto e resasi conto che quella che stringeva tra le mani sua sorella non era un'ostia di notevoli proporzioni ma un panino, benché di farina bianca, la zia Colomba pretese immediate spiegazioni, senza "menàla in long", cioè, senza por tempo in mezzo.

V

GIOVA, a questo punto, spendere qualche riga, e forse più di una, per dire dell'intensa attività che caratterizzava la vita del ministro degli Esteri.

Non poteva, d'altronde, che essere così.

Della sua ascetica figura si è già accennato. Non se ne conoscevano vizi perché probabilmente non ne aveva, piuttosto alcune qualità tra le quali – andando così, a memoria – ne citerei qualcuna.

La prima era una rara abilità nel tagliare l'insalata amara, da consumarsi poi con le uova sode, in listarelle talmente sottili che ne esaltavano il sapore: ho provato più volte a imitarla con il risultato di lasciare sul tagliere tracce di sangue.

La seconda era una saggezza che si esprimeva in assiomi che non ammettevano repliche. Sulla minestra biada dell'uomo non discuto più da anni. Sconfortante quando sosteneva che "l'uomo è una bestia che vive di abitudini", più lieve e intrigante un altro, tenendo conto del quale "avere i debiti e non aver voglia di pagarli è come non averli".

Di una terza qualità però vorrei raccontare più diffusamente, poiché ritengo che se ancora oggi sono affascinato da un certo mondo magico, forse anche un poco primitivo ma indubbiamente suggestivo e ricco di possibilità per dispiegare la fantasia, lo debbo ai momenti in cui la zia Paola diventava profetica.

Non so quale Apollo le abbia soffiato il dono di prevedere le cose, ma chiunque sia stato è certo che in quel momento non stesse attraversando una fase di particolare ottimismo, poiché in genere le previsioni della zia Paola erano catastrofiche. Era sufficiente che uno qualunque dei familiari tardasse di pochi minuti sull'orario solito di rientro perché in lei prendesse corpo l'immagine di un disastro: una rovinosa caduta con conseguente lunga agonia, un morso di vipera, una pallottola vagante se in tempo di guerra o di caccia, o una bomba inesplosa se in tempo di pace.

A differenza dell'archetipo di tutti gli indovini, Cassandra, che vedeva giusto ma non veniva creduta, la zia Paola vedeva male ma veniva creduta. Meglio, bisognava crederle, poiché la sua agitazione era tale da divenire contagiosa e l'unico modo per evitarla era allontanarsi da lei per andare alla ricerca del disperso. Toccò anche a me fare le spese delle divinazioni della zia: si immagini infatti come può reagire un adulto quando si vede venire incontro un bambinetto mandato in missione allo scopo di riportarlo a casa, trattato come se fosse un *minus habens* o uno scriteriato perditempo.

Le previsioni della zia Paola riguardavano anche la meteorologia, con grandine o straventi di vario tipo, e la salute altrui e sempre precaria (classico il sintetico giudizio: «La fa giò un bel scalìn!», poiché la vita è fatta a scale, una progressiva, irrefrenabile discesa).

E alla politica estera, fatto quest'ultimo che non dovrebbe far meraviglia più di tanto in considerazione della sua carica. Tuttavia, giovane com'ero, non la finivo mai di stupirmi quando uno dei suoi oracoli arrivava fino alle mie orecchie e, pur non comprendendone appieno il senso, mi chiedevo come facesse a possedere una conoscenza così vasta tanto da saltellare con sicurezza da un campo all'altro dello scibile umano.

Lo scoprii la sera del giorno in cui avevo creduto di essere ormai arrivato alle ultime ore della mia vita.

VI

Fu una scoperta improvvisa, sensazionale, folgorante e formativa, il cui ricordo mi guida tuttora in parecchie scelte.

Quel giorno per pranzo, sulla tavola ricoperta da una cerata a motivi floreali poiché la tovaglia si usava solo in particolari occasioni, era comparsa una zuppiera contenente un cibo a me sconosciuto. Il colore scuro, violaceo me lo rendeva assai poco attraente. All'invito della zia Cristina a mangiare, risposi che non mi piaceva. Lei ribatté chiedendomi se l'avessi mai assaggiato.

Poiché ero sincero risposi di no, cadendo così nella rete di una logica che più stretta non si poteva: come potevo dire che non mi piaceva se non l'avevo mai assaggiato? E poi, a seguire, un altro cardine dell'educazione: quante cose potevano non piacere che poi la vita invece ti avrebbe costretto a fare.

Dopodiché la zia Cristina tirò un bel respiro, perché discorsi così lunghi ne faceva assai raramente.

Quando non si ha esperienza delle sottigliezze dialettiche cui i politici ricorrono per tirare acqua al proprio mulino dando a vedere che la ragione sta sempre e solo dalla loro parte, non resta che ricorrere alla rivoluzione oppure arrendersi. Poiché quella volta ero casualmente disarmato, non mi restò che la seconda opzione: quindi chiusi gli occhi, afferrai la forchetta e pescai a casaccio nella zuppiera, infilando poi il raccolto in bocca. L'idea prima era quella di ingollare il boccone qualunque cosa fosse senza masticare per poi dichiarare a ragion veduta che non mi piaceva. Fossi stato uno strenuo oppositore del regno delle Tre Minestre avrei comunque dichiarato che quel cibo faceva schifo. Ma, oltre a non avere l'animo del dinamitardo, allora come oggi certi profumi e certi sapori scatenavano dentro me un sentimento di amore panico quasi paralizzante, che in certi casi mi obbligava a sdraiarmi in un prato per guardare i fili d'erba stando al loro stesso livello e in altri a considerare la fatica invisibile presente in ciò che mi veniva messo nel piatto.

Così fu quella volta, quando sulle mucose delle mie fauci si depositò il sapore di quell'insalata che mi venne subito spiegato essere composta da barbabietole tagliate a quadratini, una spruzzatina di prezzemolo e un battito d'ali di aglio.

Onore al merito: il ministro degli Interni, vedendo che me ne servivo un'abbondante porzione, non volle uccidere un uomo già morto. Soddisfatta della vittoria riportata, come suo solito scostò il piatto, pose la testa sul cuscino di braccia e dopo un paio di languidi ululati entrò in meditazione, così che non mi vide ricorrere per la terza volta alla zuppiera, mentre il pomeriggio cominciava a vivere le sue ore.

I pomeriggi di quelle giornate erano oziosi, naturalmente solo per me.

Se il ministro dell'Agricoltura non aveva bisogno di aiuto per intrattenere le delegazioni che quotidianamente chiedevano udienza, con il ministro degli Esteri ovviamente sempre in missione e quello degli Interni chiuso in un enigmatico silenzio a discutere con se stesso circa quinquennali piani di sviluppo, ero libero di gironzolare per casa oppure fuori, nel giardinetto dove svettava un maestoso pero, inventando giochi oppure curiosando.

Tra gli intrattenimenti offerti dal giardino, uno era quello di utilizzare una rudimentale fionda, fatta con un ramo di noce a forma di ipsilon e completata con un vecchio elastico di mutande, per cercare di abbattere i passeri che abitavano su un sambuco con i cui fiori le Tre Minestre facevano i "meìn", un dolce che più avanti negli anni associai al loto dell'oblio consumato dai compagni di avventura di Ulisse. Con i frutti preparavano invece una marmellata asprigna, il cui sapore mi ricorda ancora il primo ottobre, inizio dell'anno scolastico.

Il sambuco sorgeva vicino al pollaio, che a sua volta stava sul retro della casa. Le galline durante la giornata erano libere di scorrazzare e becchettare ovunque e fu su una di esse, un'americanella, che una volta cercai di aggiustare la mia mira, visto che i passeri continuavano bellamente a infischiarsene delle mie fiondate. Riuscii a centrare in testa la poverella al primo tiro provocandone il decesso istantaneo e, dovendo poi dichiarare la malefatta al ministro degli Interni, subii la punizione di un rimprovero consistente in una sola parola.

«Desèrt!»

Cioè, deserto. Che, a pensarci bene, è il peggiore degli insulti poiché indica un luogo dove non c'è assolutamente niente a parte l'inutile sabbia.

All'interno della casa invece la mia curiosità era rivolta al solaio al quale si accedeva grazie a una scala di legno malsicura e scricchiolante. Non definirei cianfrusaglie, anche se forse tali erano, tutte le cose che in gioiosa confusione riempivano quel locale. Erano oggetti caduti in disuso e odorosi di passato, dei quali mi sarebbe piaciuto chiedere la destinazione d'uso e il motivo del pensionamento. Così facendo però mi sarei scoperto, perché salire in solaio, vista la precarietà del pavimento di assi erose dall'umidità, mi era proibito.

Bene, quel pomeriggio ero proprio in solaio quando mi venne un improvviso bisogno di fare pipì. Lì certo non la potevo fare benché ne avessi avuta la tentazione, stante l'urgenza. Né potevo correre, evocando gemiti d'assi e di pioli malfermi, con il rischio di disturbare la riunione del ministro degli Interni e farmi cogliere in flagrante reato. Camminai passo passo, come se mi avessero legato le scarpe una con l'altra, cominciando a sudare per gli stimoli via via sempre più frequenti e intensi e con la paura di cedere all'incontinenza e combinare un disastro. Riuscii comunque a raggiungere il luogo comodo e, alla soddisfazione di aver vinto una primitiva pulsione grazie alla forza di volontà, si sostituì subito la disperazione di avere raggiunto il limite della mia vita terrena: il liquido che minsi aveva il colore del rosolio. Non poteva che essere sangue, e stava uscendo dal mio corpo come se io fossi una di quelle galline che di tanto in tanto il ministro dell'Agricoltura appendeva a testa in giù dopo aver fatto loro la barba e con un sol colpo di rasoio. Fermo, immobile, con le braghette calate davanti alla tazza, immaginai di star cominciando a pagare in quel preciso momento il fio dell'americanella abbattuta poco prima e che su di me si fosse abbattuto il castigo di un Vendicatore contro il quale nulla potevo fare: sant'Antonio. Sant'Antonio del Purscèl naturalmente, quello celebrato il 17 gennaio, protettore e difensore di tutti gli animali.

Con uno scatto istintivo tirai lo sciacquone, pensando scioccamente che se non avessi più avuto sotto gli occhi quell'acqua scura sarebbe stato come se niente fosse successo. Il rumore distolse per un momento il ministro degli Interni dal suo impegno. La rassicurai, dicendo che non avevo bisogno di nulla, temendo invece che se le avessi raccontato l'accaduto dalle sue labbra sarebbe uscita una diagnosi definitiva, irrevocabile. Tuttavia sant'Antonio, di lì a poco, tornò a presentarmi il conto. Non l'avevo mai pensato così pertinace.

Anzi, sino ad allora di lui m'ero costruito un'immagine gioiosa e conviviale. E, a rafforzarla, avevano pesantemente contribuito le parole di un mediatore di bestiame ascoltate dopo un suo incontro con il ministro dell'Agricoltura. Concluso l'affare e introitati numerosi bicchieri di vino "nostranello", il mezzano s'era dilungato a raccontare i perché della sua devozione al santo di cui portava il nome, ereditato dal padre che a sua volta lo aveva preso dal nonno e che lui aveva rigorosamente trasmesso al figlio. Inchiodato sulla sedia di paglia e mescendo egli stesso dal fiasco come se si trovasse a casa propria, aveva raccontato cose già note alle Tre Minestre rompendo loro l'anima, ma istruendo me che lo ascoltavo per la prima volta.

Mi apparve come uomo di larghe vedute e di sconfinati orizzonti. Disse infatti di essere stato una volta addirittura a Milano, dove aveva appreso che i panificatori di quella lontana metropoli tenevano sant'Antonio in conto di protettore contro gli incendi e allo scadere del 17 gennaio facevano festa.

Toccò a me, esitando, fare la domanda che nessuna delle Tre Minestre, sapendo perfettamente il seguito della vicenda, avrebbe mai fatto. Cosa c'entrava un santo che proteggeva dagli incendi con gli animali delle più varie specie? Sul rubicondo viso del sensale

era allora spuntato il "ghignettìn di quel che se la sa"
e mi aveva risposto facendosi largo tra le mie curiosità innanzi tutto sparando due proverbi: "Per sant'Antonio dalla barba bianca, è raro il giorno che la neve
manca" e "Sotto la neve pane, sopra la neve fame",
col che aveva forse creduto di avermi definitivamente
chiarito le idee, cosa che invece non fu.

Il ministro dell'Interno intanto stava dando eviden-
ti segni di impazienza poiché l'attendeva una delle sue
solite riunioni solitarie, quello degli Esteri aveva lo
sguardo fisso verso un quadretto raffigurante il Sacro
Cuore di Gesù cui probabilmente stava chiedendo
aiuto per mandare via l'importuno, quello dell'Agricoltura stringeva nervosamente tra le mani di salice la
bibbia della sua attività, cioè il catalogo dei fratelli
Ingegnoli. Io, indifferente a queste richieste sublimi-
nali, insistei nel domandare. Va bene i proverbi, ma
cosa c'entrava sant'Antonio con gli animali?

Il chiacchierino allora, fingendo che fosse tutta farina del suo sacco, aveva tirato fuori una storia secondo la quale, in tempi antichissimi, un visionario aveva
veduto il santo in questione con un porco ai piedi, da
cui era poi derivata la credenza che fosse il suo anima-
le preferito. Il maiale, essendo bestia della quale non
si getta nulla e – sempre in tempi antichissimi – essendo indispensabile sostegno alla sopravvivenza di mol-
te famiglie, veniva tenuto in conto di familiare esso
stesso; infatti la sua morte per malattia o altro era un
disastro vero e proprio, al punto che si preferiva il

decesso di un familiare – una bocca in meno da sfamare quindi – piuttosto che quello del suino, che avrebbe lasciato tutti a bocca, appunto, asciutta. La buona salute del maiale veniva attribuita all'occhio di riguardo che sant'Antonio aveva per lui, tant'è vero che in molti paesi del lago lo festeggiavano anche con la messa all'incanto di mortadelle, salami e salsicce ottenute dallo stesso maiale ucciso in un momento di distrazione del suo protettore. Con il tempo, divenendo preziosi all'economia contadina anche altri animali quali cavalli vacche e asini, i compiti di sant'Antonio erano andati aumentando fino a trovarsi a dover proteggere tutti gli animali del creato.

«Anche le galline?», avevo chiesto.

«Se ho detto tutti...», era stata la risposta del ruffiano che poi, finalmente, per la gioia delle Tre Minestre, verificato che dal fiasco non poteva estrarre nemmeno più una goccia di vino aveva salutato e se n'era andato.

Quel giorno quindi, di nuovo preda di uno stimolo, prima di ritornare nel luogo comodo rivolsi un pensiero a sant'Antonio chiedendogli perdono per una mala azione commessa senza intenzioni omicide, e sperai nella sua clemenza. Ma il crimine doveva essere stato di particolare gravità, poiché minsi di nuovo un liquido scuro e le porte dell'inferno, visto che è lì che vanno a finire gli assassini, si aprirono davanti ai miei occhi.

Erano le quattro pomeridiane all'incirca, calcolai

che sarei morto entro sera. Con me, prima di chiudere definitivamente gli occhi, dovevo portare un'immagine che riassumesse il senso della mia vita sino ad allora: cosa c'era di meglio se non quella del lago che mi aveva visto nascere e purtroppo mi avrebbe visto anche morire?

Andai in cucina e mi posi davanti alla finestra dalla quale si poteva godere la vista di un'ampia porzione di lago. Fu lì che ebbi la definitiva mazzata, la conferma che il mio tempo era scaduto.

Nella rientranza della parete era infatti appeso il calendario ufficiale del governo delle Tre Minestre, quello di Frate Indovino.

Distraendomi un istante dalla contemplazione della lenta marcia di un battello, vi buttai l'occhio e la malvagità del destino mi propose uno dei tanti motti che il medesimo calendario offre anche oggi ai suoi cultori.

Esiziale.

Diceva: "Chi piscia spesso e chiaro, il medico vede raro".

Era finita. Mi lasciai andare alle lacrime, un pianto irrefrenabile e condito anche da più di un gemito che disturbò la riunione del ministro degli Interni. La quale giunse in cucina e, prima ancora di accorgersi della mia evidente disperazione, bonariamente mi invitò a tirare sempre lo sciacquone dopo aver fatto pipì.

«Gli asparagi lasciano l'odore, le barbabietole il colore», sentenziò.

Fu come bere un cordiale. Mi voltai verso di lei con

l'intenzione di correre tra le sue braccia ma notando il mio viso marezzato e gli occhi rossi il ministro volle sapere cos'avessi. Dovetti mentire. Mal di pancia. La conclusione fu logica. Avevo mangiato troppe barbabietole. Il rimedio, giusta punizione, una bella purga serale.

La mattina seguente, dopo aver detto le orazioni e in particolare aver chiesto scusa a sant'Antonio per avergli attribuito una malvagità che non aveva, la trascorsi a consultare il calendario di Frate Indovino, scoprendo l'estrema ricchezza delle informazioni che forniva ma soprattutto capendo dove il ministro degli Esteri andava a raccogliere le notizie che poi spacciava profeticamente. Ciò che allora come oggi non capivo, era perché tra le tante preferisse quelle più tragiche.

Ma tant'è, era così e così doveva essere.

VII

Sı potrà obiettare che nel tempo di questa divagazione il famoso panino di farina bianca tra le mani del ministro degli Esteri fosse diventato raffermo. Non è vero. Era sempre abbastanza fresco e anche il ministro dell'Agricoltura stava ancora lì in attesa di spiegazioni. Che vennero, sussurrate nel silenzio compatto della cucina poiché la radio, terminato il rosario, diventava strumento inutile.

Era successo che durante l'abboccamento serale tra il ministro degli Esteri e il nonno, quest'ultimo aveva estratto da sotto il cuscino il panino.

Nonostante lo stringente, pur se composto, interrogatorio, il nonno non aveva voluto confessare come ne fosse entrato in possesso. Varie ipotesi si dipanarono nella testa della zia Paola, poiché il malato riceveva spesso visite di parenti e amici, ed era possibile che qualcuno di costoro gliene avesse fatto omaggio. Tuttavia se il nonno diceva una cosa era quella. E poiché alla domanda della zia Paola aveva risposto che non importava chi glielo avesse donato, lei, usa a obbedir tacendo, appunto tacque.

Per quanto miracoloso potesse essere, comunicò il nonno, era certo che non potesse essere un panino, benché di farina bianca, a ridargli le forze e soprattutto la gioventù perduta: per cui aveva stabilito che spettasse a chi, nella famiglia, ne avesse più bisogno. Toccava a lei, che era tanto magra, smunta e subissata dalle difficoltà di mantenere i contatti con il mondo esterno.

A nulla erano valse le obiezioni della zia Paola. Il nonno aveva voluto che nascondesse il panino in una tasca del grembiale e lo consumasse, senza naturalmente dirlo agli altri due ministri.

Ora, che il ministro degli Esteri fosse magro e smunto è vero. Così come è vero che la sua vita lavorativa si scomponeva in due tronconi principali: da una parte si occupava di amministrazione e pubbliche relazioni presso un opificio del luogo, dall'altra aveva la carica di direttore artistico di una compagnia teatrale giovanile che nel "mondo piccolo" di allora portava in giro educative commedie piene di buoni sentimenti.

Circa la sua prima attività era molto apprezzata per la serietà, la precisione, la puntualità e una caratteristica comportamentale assurta con il tempo a vera e propria filosofia di vita che le permetteva di affrontare i personaggi più indisponenti e maleducati applicando la tecnica di "ammazzarli con la cortesia". Ho assistito più volte a questi confronti e posso affermare che il brocco di turno, di fronte alla ricchezza del suo linguaggio e alla perfezione delle sue maniere, sentendosi trattato come persona degna di gran nota perdeva immediatamente ogni animosità riducendosi a uno stato quasi infantile. Era anche un'abile mediatrice, tanto da meritarsi da parte dei detrattori il soprannome di "coerciòn", cioè grosso coperchio, e sanava dissidi con soddisfazione di tutte le parti in causa. Dai suoi superiori, è facile capire, era tenuta in palmo di mano e massimamente l'apprezzavano quando portava loro i mitici "rampònc", radicette di un insalata selvatica, una delizia per il palato da consumare con le uova sode, che il ministro dell'Agricoltura coglieva con occhio da rabdomante nei prati di cui reggeva il governo.

L'altra attività non era meno impegnativa della prima, poiché praticandola si assumeva la responsabilità di educare le giovinette del paese insegnando loro i principi morali ed etici cui attenersi. Le dirigeva non solo verso la vita ma anche, come detto, in rappresentazioni teatrali che andavano spesso in scena presso il santuario della Madonna di Lezzeno. Non scriveva lei i testi ma le venivano ispirati direttamente dal cielo e probabilmente dalla stessa Madonna cui il santuario era dedicato e con la quale entrava in contatto nei momenti più disparati.

Ricordo, a questo proposito, uno di questi contatti avvenuto proprio durante il pranzo. C'era, quel giorno, il "mangiare più sano del mondo" a detta del ministro degli Interni, cioè uno stufato cui obiettivamente mancava soltanto la parola. La zia Paola si incantò per una decina di minuti, insensibile ai richiami delle altre due Minestre che la invitavano a interrompere la comunicazione poiché così facendo lo stufato si sarebbe raffreddato. Cosa che invece non accadde, poiché quando la zia Paola ritornò su questo mondo, dal suo piatto si alzava ancora il fumo del cibo, come se fosse stato appena scodellato.

Nella Madonna del santuario di Lezzeno la zia Paola aveva una fede d'acciaio e se ci fu un motivo di contrasto con l'altra mia nonna, quella materna, fu proprio per una questione di Madonne, poiché quest'ultima era una fedelissima della Madonna di Tirano e attribuiva a lei le grazie che calavano sulle teste di noi tutti. La zia Paola non metteva in dubbio le capacità della Madonna di Tirano, anzi, se ne guardava bene. Obiettava però sulle competenze territoriali e, da vero ministro degli Esteri, avocava a sé, per conto della sua Madonna, tutto ciò che di piacevole capitava nelle nostre vite.

In virtù di questa somma di dispendiosi impegni, il nonno aveva ritenuto che la dirompente energia del panino di farina bianca spettasse a lei e non, pur dispiacendosene sicuramente, alle altre due Minestre.

Può, tuttavia, un ministro degli Esteri agire senza meditare per bene i propri passi e le conseguenze delle sue azioni? Magari sì.

Non certo la zia Paola che si tenne ben nascosto il panino nella tasca del grembiale fino al momento dell'incontro quasi sacrale con la collega all'Agricoltura e alle necessarie spiegazioni che infine arrivarono.

VIII

La zia Colomba sedette al tavolo di cucina, la zia Paola le mise sotto il naso una scodella di mele cotte aromatizzate con una grattatina di cannella. Stante la penombra, non si avvide che un moscerino si era impantanato nel caramello. Se ne accorse la zia Colomba, che se ne liberò mettendo in atto il suo famoso "sistema americano".

Semplicissimo, pratico, infallibile.

Me lo insegnò la prima volta che, accompagnandola in un'ispezione ai suoi allevamenti, mi introdusse alla bontà effimera della schiumetta (impropriamente la chiamavamo panna) che si formava sulla superficie del latte appena munto.

L'area di influenza del ministro dell'Agricoltura era parecchio vasta per cui, nella gestione degli affari territoriali, la zia Colomba si avvaleva di sedi distaccate che visitava a intervalli regolari utilizzando un mezzo di locomozione molto in voga all'epoca e che per semplicità tutti chiamavano "cavallo di san Francesco".

Spesso, e soprattutto quando era nel pieno delle

sue funzioni, il ministro dell'Agricoltura si accorgeva di aver dimenticato un importante "documento", fosse un rastrello, un gerlo o un forcone, in una di quelle sedi e allora, nominandomi sul campo suo segretario particolare, mi concedeva l'alto onore di rappresentarla per recuperare il prezioso oggetto. Naturalmente, affinché non perdessi tempo, mi concedeva la libertà di usare il cavallo di san Francesco e al ritorno, compiuta la missione, mi ringraziava pubblicamente con una sentenza: «Hai fatto la parte del tuo dovere». Ma non solo, poiché subito dopo mi ammetteva a un altro, alto onore, che era quello di utilizzare personalmente l'oggetto recuperato, gerlo o rastrello che fosse.

La sua gestione degli affari agricoli era quanto di più moderno si potesse immaginare all'epoca, basata su una serie di "sistemi integrati" che le permetteva di affrontare e risolvere in tempi brevi i numerosi problemi che inevitabilmente si pongono a chi è costretto ad affrontare la dura vita dei campi. Tra i tanti posso citare il sistema per contrastare l'arsura quando non c'era a disposizione acqua potabile, consistente nel succhiare un po' di erba cucca, oppure quello di strappare ortiche trattenendo il respiro onde evitare la fisiologica risposta mediata dall'istamina, quello di medicare immediatamente qualunque puntura d'insetto sputandoci o facendoci sputare sopra, quello di avere sempre sotto controllo l'orario, basato sul passaggio delle corriere sul versante opposto della valle. Si obietterà che se una di queste fosse stata in ritardo il sistema avrebbe dimostrato tutta la sua fallacità. Ebbene, il ritardo ogni tanto si verificava, ma la zia Colomba lo percepiva e lo annunciava, dal che si deduce che – corriere o no – riusciva sempre e comunque a sapere l'ora.

Il "sistema americano" faceva parte di questo manuale di "Istruzioni per l'uso". Tuttavia, prima di passare a spiegarlo, vorrei citare un altro di questi metodi poiché, tra i tanti, è l'unico che mi trovo ad applicare pressoché quotidianamente, con grave danno della mia quiete familiare non essendo condiviso da mia moglie: è il sistema per condire l'insalata. È opportuno chiarire che trattasi di sistema allargato, cioè applicabile al condimento di qualunque verdura e massimamente dei "cucumer", i cetrioli conservati sott'aceto e poi adiuvati con l'immancabile aglio.

Consisteva nel mettere il sale e poi, contrariamente a ogni legge della fisica e forse anche della logica, l'olio. Quindi l'aceto.

Con mia moglie condivido, e condividerò, i momenti belli e quelli brutti della vita finché morte non ci separerà, ma mai e poi mai l'insalata, che infatti condiamo in due zuppiere diverse, sostenendo lei, che ha alle spalle studi di chimica, l'obbligatorietà dell'aceto dopo il sale affinché il primo venga sciolto dal secondo. Di secondaria importanza, anche se fondamentale al fine di ottenere un'insalata condita come Dio, anzi, come la zia Colomba comandava, l'abnorme quantità di aceto da utilizzare: l'esattezza della misura la si impara con il tempo e sbagliando, e viene infine denunciata a condimento avvenuto, quando le labbra si sbiancano oppure si viene colti da irrefrenabile tosse irritativa.

E infine eccoci al "sistema americano", pure lui, come il precedente, allargato ma che, come segnalato in precedenza, veniva insegnato ai neofiti davanti al secchio pieno di latte di fresca mungitura. Vera leccornia, la schiumetta che vi si formava sopra era da consumarsi rapidamente prima che svanisse. Talvolta vi si depositava sopra qualche pagliuzza di fieno o qualche insetto goloso, magari anche una mosca: ecco allora la necessità di intervenire con il "sistema americano" che consisteva nell'afferrare con due dita la pagliuzza o l'insetto e gettarli via.

Come detto, sistema pratico, semplicissimo, efficace.

La zia Colomba lo applicò anche la sera in cui stava finalmente per giungere la rivelazione dell'arcano.

Il panino, comunicò il ministro degli Esteri, spettava a Colomba.

Secondo un calcolo di calorie, quella tra le Tre Minestre che ne consumava di più era proprio il ministro dell'Agricoltura. Quindi aveva preso l'irrevocabile decisione di concedere a lei tutta l'esplosiva energia che il panino avrebbe donato al suo consumatore e si sarebbe piegata, nel caso, a mentire spudoratamente al nonno: bugia veniale, sulla quale la Madonna del santuario di Lezzeno avrebbe benevolmente chiuso un occhio, tenendo conto che un ministro degli Esteri non sempre può essere sincero come vorrebbe.

Se il ministro degli Esteri si aspettava obiezioni da parte della collega, restò deluso.

La zia Colomba prese il panino e...

Resteranno delusi coloro che si aspettano che, da una riga all'altra, dopo averlo preso, il ministro dell'Agricoltura l'abbia velocemente sbranato.

Tutt'altro.

È vero che lo fece sparire.

Ma infilandoselo anche lei in una tasca del grembiale e, dopo l'ennesima raccomandazione della zia Paola a mantenere il più assoluto segreto sull'intera faccenda, cedette al sonno e se ne andò a dormire.

IX

Era difficile che le due Ministre si incontrassero la mattina, orari troppo diversi scandivano le vite di entrambe.

Tuttavia accadde la mattina successiva, provocando una reazione decisamente nervosa da parte del ministro dell'Agricoltura.

Quando infatti il ministro degli Esteri si metteva in testa una cosa, perseguiva con ogni mezzo il suo obiettivo sino a che non l'aveva raggiunto: insisteva, anche solo con la sua muta presenza, monito vivente, un *memento* che spesso risultava fastidioso quando non irritante.

Quella mattina voleva assicurarsi che il panino delle meraviglie avesse fatto la fine che lei aveva stabilito dovesse fare e ottenne in risposta le prime parole che la zia Colomba pronunciò quella giornata.

«Desmèt di stufim!», smettila di stufarmi.

Dal che si potrebbe dedurre che il ministro dell'Agricoltura fosse persona poco sensibile o addirittura di modi villani.

Non si potrebbe commettere errore più marchiano.

Come tutti i salici, che ogni anno venivano sottoposti a resezioni massicce degli arti più maturi, viveva in uno stato di allerta continua poiché i frutti del suo lavoro non dipendevano unicamente dal suo impegno e dalla sua buona volontà. Le condizioni del clima la condizionavano pesantemente: troppa pioggia o troppo poca, la grandine, il vento, qualche malattia dei coltivi, gli insetti, gli uccelli che al momento giusto si cibavano allegramente dell'uva matura.

Be', se vogliamo raccontarla giusta e tenendo conto delle necessità di bilancio, nei confronti della piaga degli uccelli, merli soprattutto, il ministro dell'Agricoltura aveva emanato una direttiva secondo la quale, una volta individuate le nidiate, era fatto obbligo di svuotarle immediatamente dagli occupanti, che altrimenti sarebbero andati a ingrossare le fila dei mangiatori a sbafo di uva. Nella logica del tempo, secondo la quale non si sprecava niente, aveva un'eccellente risvolto alimentare poiché gli occupanti trafugati finivano per insaporire un risotto la cui bontà è paragonabile al più moderno, e tuttora degustabile, riso con i filetti di pesce persico.

Nonostante il metodo testé denunciato a difesa della vigna possa apparire primitivo, confermo la sensibilità, il sentire profondo del ministro dell'Agricoltura, che si vestiva dei silenzi, quelli delle infinite albe della sua vita e dei solitari ritorni notturni a casa in compagnia delle "vaghe stelle dell'Orsa". Tale sensibilità si palesava nella fattuale partecipazione affettiva quando cadevano due tra le ricorrenze più magiche dell'anno solare: Natale e la festa dei Morti.

Avvicinandosi Natale, il ministro dell'Agricoltura rinunciava alle pur poche ore di riposo che la domenica le concedeva e se ne partiva alla ricerca dei posti dove raccogliere il muschio più verde e morbido con il quale allestire il presepe. Le feci da assistente una volta e vissi la singolare esperienza di sentire gli alberi parlare tra loro. Una volta uscito dal bosco, ancora stordito dalla sulfurea esperienza, ne misi a parte il ministro che, senza scomporsi, mi rispose che era ora che mi accorgessi del fenomeno.

Per i Morti le Tre Minestre si scatenavano.

Il ministro degli Interni recuperava la scorta di castagne dal solaio e il pomeriggio della vigilia lo impiegava a pelarle dapprima e poi a bollirle affinché gli stessi morti, lasciando per quella notte le loro eterne dimore, se ne potessero cibare. Le eventuali scorregge che si levavano durante quelle ore andavano quindi attribuite a loro.

Il ministro degli Esteri diventava una sorta di cerimoniere del "mondo piccolo" sottoposto al suo governo e i suoi impegni istituzionali *extra moenia* facevano sì che comparisse nel circolo domestico solo per comunicare orari di funzioni o partecipare a rosari e rievocazioni di vario tipo: spesso infatti, nelle sere che precedevano la cosiddetta festa dei Morti, il ministro degli Esteri convocava nel suo ufficio rappresentanti dei più vari regni confinanti e concedeva loro un diritto di parola che consisteva nel ricordare, cosa che accadeva sempre con l'uso del tempo presente a conferma del fatto che i morti, benché tali, sono sempre vivi.

Il ministro dell'Agricoltura portava in quei giorni il circolare splendore delle stagioni, il chiacchiericcio ipnotizzante dei sottoboschi, la danza dei fili d'erba soggetti alle arie delicate, il vapore degli animali chiusi nelle stalle, la voce dei defunti che le tenevano compagnia durante il lavoro.

Erano, i suoi, atti d'amore per i morti, colorati assemblaggi di bacche, foglie, fiori autunnali che nella loro sapienza compositiva ammonivano anche, invitando a credere che caducità ed eternità non si escludevano l'una con l'altra: come nel bosco, ascoltando le segrete parole degli alberi, bisognava saper cogliere il segreto della loro convivenza.

Il silenzio dei campi era il pane quotidiano del ministro dell'Agricoltura. E appunto in quel silenzio voleva decidere il destino del medicinale panino: per questa ragione aveva troncato in maniera un po' brusca la sua collega.

Fu solo poco dopo il mezzogiorno, una volta rientrata a casa per il pranzo, che le riuscì prendere la decisione. Accadde guardando la sua collega agli Interni che stava giusto preparando una fondina di gustosissimi nervetti, circonfusa da un alone di santità quale solo il profumo della cipolla fresca appena tagliata è in grado di evocare. Notando come già la zia

Cristina assaporava quella prelibatezza, deglutendo a più riprese la saliva in previsione di gustarli, il ministro dell'Agricoltura decise che il vagabondo panino di farina bianca spettava a lei, alla veniale golosità con la quale compensava la costrizione di stare sempre chiusa in casa per badare alle faccende interne.

Certo non le poteva essere offerto così, direttamente, palesando una sorta di atto d'accusa.

«Mangialo tu che sei tanto golosa!».

Ci voleva un metodo indiretto e inoffensivo, che non calcasse la mano sull'infantile debolezza della zia Cristina, perché...

X

Perché una certa predilezione per i cibi più gustosi e saporiti, quelli che generalmente i medici proibiscono agli altri per consumarli poi nel chiuso delle proprie case, era una delle peculiari caratteristiche del ministro degli Interni. Tale dote si sposava perfettamente con un altro tratto caratteriale, indispensabile tra l'altro per chi si occupa di affari istituzionali: la lungimiranza. Da tale sinergia derivavano, tanto per fare un esempio, le sue famose "bistecche tascabili", delle quali ho poi ritrovato traccia soltanto durante il servizio militare.

Per giungere a un risultato del genere la zia Cristina, dopo aver provveduto ai necessari rifornimenti di casa, avviava l'operazione di preparazione delle bistecche cominciando con il mettere la pentola con una discreta quantità di burro sulla stufa a legna.

Secondo gli storici del regno delle Tre Minestre, ciò avveniva non oltre le otto e trenta del mattino e quando il primo burro cominciava a sfrigolare altro ne veniva aggiunto e poi altro ancora al fine di ottenere un bagno di circa due centimetri di colesterolica densità. A quel punto, potevano essere all'incirca le dieci del mattino, le bistecche venivano calate e, passaggio fondamentale, dimenticate nella pentola che continuava a crogiolarsi al calduccio della stufa, emettendo borborigmi di variabile intensità. Gli osservatori del fenomeno, verso le undici del mattino potevano notare come il bagno di burro fosse ormai ridotto a una poltiglia di aspetto catramoso mentre le bistecche, mutate al pari di fogli di carta copiativa, cominciavano a dare segni di insofferenza che si esprimevano in spasmi preagonici dapprima seguiti da un lento ripiegamento su se stesse che ne dichiarava il decesso, trasformandosi poi in oggetti dalla forma quadrata e dalla consistenza marmorea, divenendo atte al comodo trasporto tascabile e a un consumo non necessariamente legato all'ora di pranzo e cena, quale poteva essere la carne secca degli indiani del Far West.

Peraltro sulla materia costituente di bistecche trasformate in tal guisa sono ancora in corso studi di fisica e chimica.

Una pari abilità culinaria, che non trova traccia in alcun testo di gastronomia, la zia Cristina la dispiegava nel cucinare quello che, *sine ulla dubitatione*, posso affermare sia stato il suo piatto più famoso e al quale debbo in parte il mio cattivo rapporto con la cassoeula, cibo principe dei giorni di vendemmia.

Erano i fegatini di pollo e coniglio, che sostanzialmente venivano cucinati come le bistecche di cui sopra con, però, alcune importanti variazioni. Gli orari di cottura più o meno coincidevano. La differenza riguardava la quantità di burro utilizzata che doveva essere triplicata. I fegatini, di pollo ma anche di coniglio, tagliati in piccoli quadratini, dovevano infatti morire di morte lenta dentro un bagno di burro che veniva continuamente rabboccato sino a che una misteriosa voce dichiarava terminata l'operazione: da quel momento in avanti i fegatini venivano abbandonati al loro destino. Per un'ora buona, un'oraccia secondo la misura del tempo in auge durante il regno delle Tre Minestre, recitavano le loro preghiere mentre lentamente la coltre di burro si andava a esaurire per trasformarsi in una sorta di asfalto. A fine operazione i fegatini avevano assunto l'aspetto degli asabesi e il tutto era pronto per essere consumato con la compagnia di una polenta calda appena tolta dal paiolo.

È una delle cose più buone che mi sia mai capitato di mangiare. La puccia che restava sul fondo del padellino, intendo. I fegatini, più che masticati, andavano lasciati sciogliere in bocca. Ma la puccia, densa, collosa, filante chiedeva di essere raccolta direttamente dal fondo della padella con l'utilizzo del pane e una volta a contatto con le mucose delle fauci sprigionava tutta la sua velenosa bontà. Era tale la prelibatezza del piatto che anche il gatto di casa – osteggiato dal ministro degli

Interni che non tollerava presenze estranee nel suo territorio e lo allontanava con un perentorio ordine "feu di coiòni", il cui significato mi si palesò solo all'inizio delle scuole medie – annusando nell'aria che era giorno di fegatini si produceva in carminativi miagolii sin dal mattino. Veniva infine accontentato con l'elargizione della padella dalla quale sailsignore cosa riusciva a leccare, visto che nel frattempo era diventata lustra come se fosse appena stata lavata.

È forse superfluo sottolineare come tutti i partecipanti al lussurioso banchetto, compreso il sottoscritto, sapessero che in quel godimento si celava un che di peccaminoso. Ragione per la quale il ministro degli Esteri, dopo averne pure lei goduto, dettava la regola dell'espiazione, che consisteva in un decadente pancottino serale, dentro il quale però, e di nascosto, la zia Cristina lasciava cadere una noce di burro.

Demonizzato alimento, oggi, quel burro che spesso giungeva avvolto in anonime carte dagli alpeggi dove il ministro dell'Agricoltura mandava in vacanza le bestie dei suoi allevamenti. Quando andava a controllarne lo stato, coglieva l'occasione per fare incetta – tra quei boschi – di mirtilli che poi, conditi con vino e zucchero, diventavano una deliziosa ubriacante merenda.

Dei mirtilli sono tuttora un convinto consumatore, se me li regalano. La raccolta mi è ostica, non tanto in virtù delle limitazioni imposte dalle leggi vigenti, quanto in relazione all'infantile paura delle vipere e soprattutto del Re Biscio, del cui avvistamento sulle mie montagne sentii raccontare da un'esaltata, poi giustamente finita in manicomio.

Due cose mi sono care di quelle gite in montagna cui partecipai più volte in veste di osservatore. Le fatte delle vacche disperse per i pascoli dentro le quali prima o poi era quasi obbligatorio finire con un piede.

La seconda è la carne Simmenthal.

"Talmente buona", se preparata *in loco* e con tutto l'occorrente appresso, la carne Simmenthal era il simbolo stesso dell'estate.

Per l'occasione, stante il clima vacanziero e il fatto che la maggior parte delle attività istituzionali erano ferme, affari correnti a parte, nella preparazione della detta carne si assisteva a una collaborazione stretta tra ministro dell'Agricoltura e ministro degli Interni. La zia Cristina aveva il compito di preparare con tagli calibrati e personalizzati per ciascuna verdura cetrioli, cipolle, pomodori, patate, queste ultime preferibilmente cotte sotto la brace la sera precedente. Alla zia Colomba, stante la sua ben nota abilità, era demandato il compito del condimento: sale, olio e aceto quanto bastava, cioè tanto.

Al ministro degli Esteri toccava benedire la zuppiera.

Il pane, fresco di forno e acquistato strada facendo sull'ormai famoso cavallo di san Francesco, era elemento irrinunciabile del pranzo consumato *en plein air*, e se avanzava qualche michetta il cerimoniale della giornata prevedeva che la zia Cristina la consumasse pucciandola nell'intingolo che rimaneva sul fondo.

«Pecàa trasà la roba», affermava, cercando di celare la sua golosità dietro quello che voleva far apparire come un sacrificio.

Nessuno, peraltro, le avrebbe fatto notare, o pesare, il "sacrificio".

Tolleranza, predicava spesso il ministro degli Esteri.

Con misura, ma pur sempre tolleranza.

E discrezione.

Per ciò, mai e poi mai, la zia Colomba avrebbe allungato alla collega degli Interni l'ormai famoso panino di farina bianca come se stesse dando perle ai porci.

Bisognava che avvenisse nella maniera più cauta possibile, come se, similmente all'insalata che buca infine la crosta della terra, il panino sbucasse dalla cerata che copriva il tavolo di cucina.

XI

Fu infatti lì che il ministro degli Interni, che si alzava dopo la collega dell'Agricoltura e prima di quello degli Esteri, lo trovò la mattina seguente.

Senza ritegno, e alzando il tono della voce per la prima volta nella sua vita gridò al miracolo.

Ora, i miracoli, all'epoca delle Tre Minestre, non erano poi così infrequenti.

Faceva scuola quello in cui la Madonna, cui venne poi dedicato il santuario di Lezzeno, pianse lacrime di sangue nel 1700 e passa. Dopo di allora altri se ne verificarono, che forse, più che nella categoria dei miracoli, andrebbero inscritti in quella dei fenomeni ancora in attesa di spiegazioni convincenti.

Giusto a scopo didattico ne enumero qualcuno, ribadendo che trattasi di voci riferite e perlopiù incontrollate. Come quella relativa a un pollaio sito in frazione Gora, ove viveva una gallina in grado di scodellare uova già sode e saporose di erba cipollina. O l'altro, dell'unico uovo sul quale erano state reperite misteriose scritte impresse in oro. Oso opinare che se al fondo di queste chiacchiere ci fosse stato un minimo di verità ne sarebbe rimasto, stante i costumi dell'epoca, almeno un *ex voto*. Invece inclino a credere che la suddetta gallina abbia fatto la fine destinata a tutte le sue simili, mentre riferisco circa il destino dell'uovo istoriato che, secondo altrettante voci, finì nel piatto di tal frate Cunegondo, predicatore errante che spegneva così sul nascere deleterie leggende su miracoli e affini.

Era comunque un mondo dentro il quale i miracoli o le cose miracolose avevano uno spazio importante con tanto di intermediari terreni, persone in carne e ossa, vale a dire i guaritori di uomini e animali.

Alla prima categoria si inscrivevano i "giustaòss" che abilmente riparavano distorsioni, lussazioni e accidenti di varia natura che interessavano l'apparato legamentoso del corpo umano: avevano indubbiamente una capacità innata per questo genere di interventi, un dono del cielo (da cui un sentore di divino) e, avendo una limitata conoscenza dell'anatomia, riducevano la dinamica di ogni trauma a un "accavallamento dei nervi" che resta tuttora un mistero, com'è giusto che sia dei miracoli veri. Più sulfurei nella loro pratica erano coloro che "segnavano" le sciatiche e i vermi, guarendo le due patologie con l'imposizione delle mani oppure tracciando segni che avevano una vaga somiglianza con quello della croce. Tra i guaritori di animali erano in voga sistemi tra i più fantasiosi, consistenti perlopiù nel somministrare alla bestia sofferente certi compositi "beveroni" che a volte centravano l'obiettivo della guarigione. In caso contrario la bestia moriva e la diagnosi era sempre quella: "smorbi", parola che non trova spazio nemmeno nei più raffinati vocabolari del dialetto locale e che ha il vantaggio di riassumere in sé tutto lo scibile delle zoonosi.

La breve divagazione appena conclusa è propedeutica poiché, delineando un quadro generale dell'aria che si respirava all'epoca, permette di non meravigliarsi troppo del fatto che il ministro degli Interni gridasse al miracolo rivedendo il panino. Che doveva essere miracoloso, proprio come aveva fatto intendere il dottore, se era riuscito a ricomparire, a resuscitare in un certo senso, dopo che il nonno l'aveva mangiato.

Si tenga conto del fatto che la zia Cristina era un ministro e quindi ogni sua dichiarazione andava ben ponderata prima di essere resa pubblica, massimamente se riguardava un fatto che a tutti gli effetti sembrava inspiegabile, se non, appunto, chiamando in causa un intervento divino. Si tenga conto anche, particolare tutt'altro che secondario, che già a quei tempi nella cerchia della parentela prossima c'era un sacerdote in odore, soprattutto secondo il ministro degli Esteri, di beatitudine.

Le due cose imposero alla zia Cristina la necessità di una riflessione che non poteva certo consumarsi nell'arco di una mattina o di una giornata. Quindi, per evitare che il ministro degli Esteri, che sarebbe comparso di lì a poco in cucina, ficcasse il naso in una faccenda che era di sua strettissima competenza, prese il panino con tutta la grazia di cui disponeva e lo nascose in un settore della dispensa al quale aveva accesso solamente lei.

XII

Il settore in oggetto merita due parole.

Venne aperto ed esposto al pubblico solo dopo che il ministro degli Interni si dimise dalla carica per volare verso più alto incarico, e dimostrò di essere quello che in molti avevano sospettato da tempo, cioè un vero e proprio archivio di stato, contenente documenti che permisero agli storici di ricostruire parte delle vicende del regno delle Tre Minestre.

Tra i pezzi di maggior valore documentario sono tuttora classificati un marmorizzato residuo di formaggio di latteria, un culo di salame risalente all'anteguerra e recante le impronte dentali del fondatore del regno delle Tre Minestre, un'incompleta collezione delle figurine contenute nel detersivo Mira Lanza, un barattolo – vuoto – di cacao Due Vecchi, un pacchetto contenente un residuo di miscela Leone, un dado attribuito alla Liebig, una pagina dell'ebdomadario "La Spiga" con la ricetta dei fiori di zucca, l'agenda 1960 della Cirio assolutamente priva di annotazioni, una moneta da dieci centesimi del 1866, uno stemma sabaudo di forma rettangolare ritagliato da non si sa quale giornale, un cartoccio di salicilato, utilizzato ai tempi per la confezione della salsa di pomodoro e poi proibito dalla legge per manifesta tossicità, una mosca morta e perfettamente conservata, un cachet, non certo inteso quale compenso per un artista, alcune bacche di ginepro ottime per insaporire il salmì, due ricette per la preparazione del rotolo di verdure e per gli spiedini patriottici, un vademecum per la pulizia di pentole, specchi, vetri, oggetti in stagno e in peltro, un foglietto recante, in bella grafia, l'indirizzo della redazione della rivista "Vita Femminile" e cartocci vari contenenti sementi ormai sterili la cui identificazione è ancora oggetto di studio.

Il panino finì in quel ricovero segreto ma non gli toccò la sorte di restarvi a lungo. Il suo aspetto nel frattempo non era più quello primigenio. Il candido biancore della crosta stava virando verso un giallo smorto con qualche macchia più scura qua e là e pure la sua massa aveva patito il passare del tempo facendosi più greve.

Il ministro degli Interni tenne per giorni il segreto, meditando sulla forma da usare per comunicare alle sue colleghe un evento di tale eccezionalità.

Furono giorni tormentati, di decisioni prese e subito lasciate. Prova concreta delle tribolazioni cui fu sottoposta la zia Cristina in quelle giornate furono i cibi predisposti per pranzo e cena che, contrariamente al solito, risultarono quasi insapori e con un ridicolo apporto di burro. La cosa non mancò di preoccupare sia il ministro dell'Agricoltura sia quello degli Esteri che temporeggiarono per un po', rinviando la richiesta di una riunione congiunta durante la quale affrontare e discutere il problema, sino a quando un evento drammatico precipitò la situazione: le galline che abitavano il pollaio sul retro della casa si ammalarono.

XIII

Ci sarebbe di che ridere, se non fosse che, al tempo del regno delle Tre Minestre, le uova prodotte dai pennuti servivano non solo al sostentamento domestico ma anche a uno spicciolo commercio che a volte assumeva i caratteri del baratto. Oltre a interrompere la produzione di uova, i gallinacei presero a dimostrare una perniciosa astenia che toglieva loro la voglia di chiocciare e girare liberamente fuori dal pollaio per becchettare in terra oppure dando vita a veri e propri duelli rusticani.

Un'ispezione del ministro dell'Agricoltura che, com'è noto, aveva un'infarinatura nel campo delle zoonosi, la portò a formulare una diagnosi inappellabile circa la malattia delle galline, cui diede la decisiva conferma l'osservazione delle deiezioni delle stesse: malnutrizione. E poiché responsabile era il ministro degli Interni – visto che il pollaio cadeva entro la cinta dei suoi confini di competenza – non altri che a lei bisognava riferirsi, essendo lampante che il recente disamore per il cibo era ricaduto anche sulle povere galline: era lei infatti che preparava il pastone quotidiano da servire ai pennuti.

Ora, si è già detto di come il burro fosse uno degli alimenti preferiti dalla zia Cristina, abbondantemente elargito in qualunque pietanza, persino, credo, nella "miascia", un dolce frutto di una delle tante invenzioni della cosiddetta cucina povera. Lo avrebbe messo anche nella preparazione dei "nusìt", altri dolcetti che venivano preparati in occasione della festa di san Vincenzo di Saragozza, patrono del regno delle Tre Minestre. Il burro coi "nusìt" non c'entrava niente. Per il loro confezionamento quindi, secondo decreto reale, il ministro degli Interni veniva tenuto alla larga.

Tutto ciò per dire che il burro era, oltre che alimento, anche elemento insostituibile nella personalissima biochimica della zia Cristina. Il suo metabolismo non poteva farne a meno. Mancandole, ne pativa una sorta di crisi di astinenza con effetti variabili tra i quali la privazione di sonno (che le era altrettanto necessario per prendere qualunque decisione), fenomeni di disorientamento spazio-temporale o di franco sonnambulismo.

È quindi attribuibile all'acuta carenza di grassi saturi nel circadiano metabolismo del ministro degli Interni ciò che accadde la notte tra il terzo e il quarto giorno dalla chiusura del panino nelle segrete del regno.

Senza rendersi conto di ciò che faceva, la zia Cristina si alzò nel pieno della notte e silenziosa come se camminasse sollevata da terra raggiunse la cucina, aprì lo scomparto segreto, prese il panino e lo depose al centro della tavola.

Parrebbe evidente che abbia agito guidata da una volontà non sua, forse quella dello stesso panino che reclamava una decisione circa il proprio destino. A conferma di quanto possa essere ragionevole questa ipotesi il fatto che, ritornata a letto sempre senza rendersene conto, la zia Cristina piombò nel sonno che le era consueto, come se la sua coscienza fosse finalmente pacificata per aver fatto la cosa giusta. Durante le ore che seguirono non accadde niente di notevole sino al momento in cui il ministro dell'Agricoltura, ed erano circa le quattro della mattina, si levò per iniziare la sua giornata di lavoro. Entrata in cucina si trovò immediatamente faccia a faccia con il panino.

A dire la verità faticò a riconoscerlo e, molto più probabilmente, non lo riconobbe proprio.

In quei tre giorni di clausura la sua sostanza si era profondamente modificata. L'interno aveva avviato un processo di disidratazione e pietrificazione cui mancava ormai poco per completarsi definitivamente. Sull'esterno una tinta melanotica aveva ormai completamente sostituito il candore del suo primo giorno di vita, favorendo tra l'altro la crescita di una muffetta verdastra che gli donava la vaga somiglianza con un puntaspilli. Con la determinazione che ne caratterizzava sempre le decisioni, la zia Colomba non stette a pensarci più di tanto: prese il panino, lo sminuzzò e ne gettò i fregugli nel secchio che raccoglieva gli avanzi quotidiani i quali, arricchiti di un paio di manciate di crusca, erano il pasto quotidiano delle galline. Quindi partì, poiché le sembrava di aver già perso troppo tempo e le vacche la richiamassero al dovere della mungitura. A seguire toccò al ministro degli Esteri uscire da sotto le lenzuola e partire verso una nuova giornata di relazioni e infine al ministro degli Interni. Era ancora buio e l'aspettavano i primi due impegni della giornata: servire il pastone alle galline e la colazione al nonno. Non si creda che il nonno fosse secondo ai pennuti per importanza. Gli è che l'ovetto fresco del mattino, sbattuto e con un poco di marsala a rinforzo, era la colazione usuale del degente. Tuttavia non c'erano uova fresche nemmeno quella mattina né le galline mostravano la solita, quasi insolente vitalità e voracità. Non mancava altro affinché i pensieri della zia Cristina si incupissero ulteriormente mentre scendeva verso il paese diretta alla provvista quotidiana quando, passando di lato al cimitero, la fulminò un pensiero improvviso, quello di aver peccato di superbia. Si fermò, perché l'intuizione meritava un approfondito esame, rapido ed esaustivo. Lei aveva attribuito la ricomparsa del panino a un miracolo, peccando di superbia ed ergendosi a giudice di un evento che era fuori dalle sue competenze classificare.

Se, invece, fosse stato un tranello del diavolo?

Se Belzebù, o chi per esso, ci avesse messo lo zampino e lei, ingenuamente, credendo nell'esatto contrario, fosse entrata a far parte della sua corte infernale?

La forza di quel pensiero fu tale che alla zia Cristina parve di sentire in quegli istanti odore di zolfo. Riprese la discesa ma come se fosse assente, totalmente immersa nella valutazione dei pro e dei contro, talmente distratta che il solito alimentarista, con assai poca grazia, le dovette ricordare che lei non era l'unica cliente del suo negozio e non poteva certo aspettare i suoi comodi. Insensibile alla villania dell'uomo, la zia Cristina, carica della spesa, riprese la strada verso il ministero e, quando fu a un centinaio di metri dalla meta, un segno, il segno che aveva inconsciamente atteso per capire definitivamente di essere stata illuminata, la raggiunse.

XIV

Fu dapprima quasi un'allucinazione dell'udito.

D'altra parte, si disse per non doversi disilludere amaramente di lì a poco, pollai e galline non erano un'esclusiva del regno delle Tre Minestre.

Tuttavia, avvicinandosi a passi lenti il momento cruciale della definitiva conferma, non poté fare a meno di convincersi che il petulante chiocciare che giungeva alle sue orecchie proveniva proprio dal pollaio di casa e che, nella colonna sonora di quel chiacchiericcio, si inseriva di tanto il tanto il verso della gallina che ha appena scodellato l'ovetto fresco.

Non entrò nemmeno in casa, ansiosa di vedere confermata l'idea che s'era fatta.

Lasciò la borsa della spesa attaccata alla maniglia della porta: stante l'odor di mortadella che ne fuoriusciva, il gatto di casa accorse immediatamente e si sfiancò in inutili tentativi per raggiungere l'olente cartoccio. Il ministro degli Interni invece filò alla volta del pollaio per trovarsi faccia a faccia con quello che non osò più pensare fosse un miracolo ma classificò come fatto eccezionale.

Le galline, asteniche sino a un'oretta prima, erano ritornate vispe come loro solito e un paio avevano già deposto l'uovo.

Non c'era, a quei tempi, un ministro della Sanità, carica che mi sarebbe stata conferita indegnamente più tardi. Puramente onorifica, debbo confessare, poiché non riuscii mai a esercitarla. Lo fossi stato allora, forse avrei potuto spiegare il fenomeno: perché palesemente, l'antibiotico naturale che era cresciuto sulle muffe del panino aveva bellamente contrastato e vinto la misteriosa zoonosi di cui le galline erano state colpite e la zia Colomba, sminuzzandolo nel pastone loro destinato, aveva favorito la guarigione dei pennuti.

Per il ministro degli Interni, comunque, fu la prova che l'intuizione del mattino era quella giusta: la ricomparsa del panino era da attribuire a una diavoleria. Quindi, quel simulacro del demonio doveva immediatamente scomparire dal regno delle Tre Minestre.

Servì dapprima la colazione al nonno, quindi avviò il cerimoniale di apertura dell'archivio del regno. Ora, notizie certe circa quello che le passò per la testa quando vide che il panino non c'era più, sebbene fosse certa come di essere al mondo di averlo chiuso lei stessa nell'archivio, non ce ne sono.

Testimonianze piuttosto, assolutamente affidabili.

Quella del ministro degli Esteri, per esempio, che rientrando in casa per pranzo sorprese la collega ferma impala davanti all'anta dell'archivio, già chiuso, come se dormisse in piedi e che dovette richiamare un paio di volte (senza ottenere risposta alcuna) per riportarla alla realtà chiedendole anche cosa fosse successo, visto che il pranzo non era ancora pronto.

Quella del ministro dell'Agricoltura, anche, che tornando a casa più tardi, a collega degli Esteri già ripartito, notò con sorpresa che il pari grado agli Interni, anziché entrare in meditazione dopo mangiato com'era sua abitudine, restò seduta, lo sguardo fisso verso un punto indefinito come se le fosse comparsa in visione la Madonna del santuario di Lezzeno, evento che era di pertinenza esclusiva della zia Paolina.

Quella di entrambe infine, a testimoniare l'eccezionalità della giornata, che per cena si trovarono sotto il naso un saporitissimo rognone, fatto del quale vennero avvisate ben prima di entrare in casa, poiché il profumo della pietanza era andato ben oltre i confini del regno delle Tre Minestre invadendo i territori finitimi.

Pure il nonno ne pretese un assaggio, che gli venne concesso dopo una breve riunione congiunta del consiglio. E la padella, come al solito ripulita come se fosse stata lavata, venne concessa al gatto di casa che ne leccò sailsignore cosa.

In ogni caso, dal giorno seguente le cose presero a filare come prima: incontrovertibile segnale, le massicce quantità di burro che ricominciarono a comparire nelle pietanze che lo richiedevano e, a volte, anche in quelle che non ne avevano bisogno.

XV

DETTA così la cosa suona banale, come se la vita nel regno delle Tre Minestre fosse un susseguirsi di atti e giornate tutti uguali.

Fino a un certo punto può essere vero.

Ma ogni verità ha le sue belle eccezioni. Ed essendo il regno delle Tre Minestre un regno autonomo, aveva nel suo calendario, oltre alle festività canoniche condivise dall'universo mondo come Natale e Pasqua, particolari momenti di autonomia festaiola.

Erano quelli che venivano inquadrati in una sezione speciale denominata "Grandi Eventi", all'organizzazione dei quali erano chiamate tutte le forze disponibili.

Il primo di questi era la festa del santo patrono, san Vincenzo, da alcuni impropriamente pronunciato "Vicenzo" e perciò ritenuto affine alla città veneta. La storia della vicenda umana di questo santo e del perché nel tempo dei tempi venne eletto a patrono del regno delle Tre Ministre è uno dei ricordi più gotici che conservo della mia fanciullezza e ne venni messo a parte in certe sere in cui un'inspiegabile malinconia mi prendeva e il ministro degli Esteri mi accoglieva nel suo letto.

Per lenire il mio *spleen* e favorire il sonno, a luce spenta mi raccontava alcune storie: una era quella di una povera pecora dispersa nel bosco e via via sempre più terrorizzata dal buio incombente. C'era anche, quale intermezzo musicale, un *gingle* inquietante che lasciava pochi dubbi circa la fine che la pecora avrebbe fatto.

L'altra era appunto la storia di san Vincenzo che, stante la sua lunghezza, mi veniva propinata a puntate, non tanto per uno spiccato senso della *suspence* da parte della narratrice, ma perché la stessa cadeva in un sonno improvviso, lasciando il sottoscritto a fare i conti con coloro che avevano martirizzato il povero santo.

Il povero Vincenzo infatti, diacono del vescovo Valerio, venne rinchiuso in una terribile prigione da un certo governatore e per lungo tempo affamato, dopo di che venne interrogato dal suo aguzzino. Poiché era un abile parlatore e non si peritò di proclamare la propria fede davanti al cospetto dell'efferato governatore, per ordine di questo venne legato a un cavalletto affinché gli venissero strappate le membra. Sconciato dalla tortura ebbe l'ardire di dichiarare che era ben quello ciò che andava cercando, irritando vieppiù il suo torturatore, anche perché lo invitò a osare di più nel martoriarlo, cosa che quello fece più che volentieri. Per ordine dell'inqualificabile governatore gli ficcarono pettini di ferro nel costato. Per tutta risposta il santo, anziché chiedere pietà, lo invitò a non usare clemenza e a insistere con i tormenti. Messo quindi sulla graticola, san Vincenzo venne arrostito, bruciato, trafitto con uncini, le ferite cosparse di sale, ma non un lamento uscì dalla sua bocca. Anzi, il suo sguardo restava limpido, sereno. Sguardo che sfida, insomma.

Imbestialito oltre ogni dire, il governatore – che vedeva ridicolizzata la sua crudeltà – ordinò che il corpo del poveretto, così sconciato, venisse chiuso in una fetida prigione cosparsa di cocchi di vetro e inchiodato a un legno, affinché finalmente morisse. La Pietà celeste si mosse allora in aiuto al martire, miracolosamente trasformando il carcere in un luogo di delizie: informato dell'accaduto l'efferato governatore andò definitivamente fuori di testa e perversamente stabilì che il povero Vincenzo venisse accudito sino al punto di portarlo a guarigione così da poter ricominciare a torturarlo. Il santo invece morì, il corpo venne offerto in pasto agli animali ma nemmeno questi osarono cibarsene, addirittura tenuti alla larga dai famelici corvi, così che il governatore infine si convinse a dichiararsi vinto dalla ferrea fede di Vincenzo. Secondo la narratrice, la morale della storia del santo aveva due piani di lettura. Il primo, che la fede in Colui che ci ha creato *omnia vincit* ed era vicenda formativa per

73

tutti e segnatamente per coloro che si dedicano a lavorare la terra ai quali mai, nonostante intemperie e accidenti di varia natura, deve venir meno la volontà di proseguire in ciò che fanno poiché alla fine verranno premiati. Il secondo invece mirava a spiegare perché il piatto tipico della festa a lui dedicata consisteva principalmente nei "pàtoi", ravioli di discrete dimensioni, così battezzati, credo, per la somiglianza con le orecchie a sventola, imperfezione fisica della quale sono portatore sano e che mi procurò più di una sofferenza negli anni più giovani della mia vita.

La preparazione dei suddetti ravioli occupava circa tre giornate e un numero di addette pari alle torture subite dal povero san Vincenzo, a loro volta pari al numero degli ingredienti.

Queste addette erano una sorta di vestali, gelosissime del segreto che custodivano: ciascuna di esse conosceva uno solo degli ingredienti, così che la confezione dei "pàtoi" assumeva i contorni di una vera e propria cerimonia cui sovrintendeva il ministro degli Esteri che le convocava una alla volta secondo un elenco nominale e lasciandole poi da sole a compiere la loro opera.

Oggi possiamo solo supporre quale fosse la ricetta originale ma non v'è alcuna certezza, poiché c'è chi afferma con sicurezza che quel sapore è irrimediabilmente perduto. Si prendano quindi con beneficio d'inventario le informazioni che seguono, desunte da notizie raccolte presso parenti e affini delle officianti il rito, le quali vengono citate con il soprannome loro affibbiato per il rispetto dovuto alla privacy.

Eccole, secondo l'ordine di ingresso nella cucina del regno delle Tre Minestre.

La Càmola, destinata alla preparazione della pasta fresca, dalle mani forti e nodose e dalla vista d'aquila, infallibile nel vedere i parassiti della farina, le "càmole" appunto. Pare anche che se le mangiasse.

La Trac al tutt, cioè utilizza ogni cosa oppure anche non gettare niente. Classicamente il ripieno dei ravioli doveva essere fatto con del brasato all'uopo cucinato. Tuttavia i tempi non permettevano una simile lussuria, ragione per la quale si utilizzavano avanzi di qualunque tipo di carne che, trattati dalla vestale menzionata, conservavano sempre e misteriosamente lo stesso sapore.

L'Ovèra, cui toccava il compito di portare le uova che finivano nel macinato. Erano sempre freschissime, ancora calde. L'Ovèra infatti aveva un infallibile metodo di stampo ginecologico con il quale individuava le galline pronte a scodellare l'uovo e non le perdeva d'occhio sino a che il parto era avvenuto.

La Gratacù, grattaculo. Il soprannome non deve indurre a equìvoci di sorta. Se l'era meritato sin da giovane in virtù dell'infallibile intuito nel trovare il pungitopo, "gratacù" appunto, con il quale addobbare la casa durante le festività natalizie, girando per boschi anche negli anni in cui tale arbusto scarseggiava. Si deve quindi solo al caso se a lei toccava il compito di fornire il pane grattato e ammollato in acqua che poi, anche lui, finiva a sua volta nel ripieno.

La Marena. Forniva gli amaretti, rigorosamente di Saronno, che davano un tocco speciale al ripieno. Sulla Marena, che era "di via" (era infatti nata in Valtellina), correvano voci non confermate che mettevano in dubbio la rigorosa provenienza saronnese degli amaretti. Alcuni sono tuttora disposti a giurare che utilizzasse una vecchia scatola con il marchio del famoso biscottificio ma che gli amaretti non fossero originali. Fosse stato anche così, il sapore dei "pàtoi" non subiva alterazioni.

Il Predasèn, *nomen omen*, prezzemolo. Era ovviamente l'addetta alla fornitura del prezzemolo, e dell'erbaceo aveva anche il carattere nel senso che la si trovava dappertutto, anche e specialmente in maniera inopportuna.

La Spezièe, infine, che era l'addetta all'aggiunta degli aromi, ovvero del pepe. Probabilmente avrebbe ambito ad avere un ruolo più importante nella cerimonia ma, non potendo cambiarlo per statuto, talvolta cercava di far sentire la propria importanza caricando un po' troppo la dose della droga.

Quando i ravioli erano pronti per essere cucinati e consumati in onore di san Vincenzo, la conclusione della pratica diventava di esclusiva pertinenza del ministro degli Interni cui non pareva vero di poter usare senza risparmio tutto il burro che voleva e aggiungere aglio come se grandinasse.

Mangiarli era una delizia del palato. La loro digestione richiedeva all'incirca una settimana. Volendo, per favorirla si poteva ricorrere al consumo mattutino di un bicchiere d'acqua dentro il quale la sera precedente era stato messo a macerare un tocchetto di amarissima radice di genziana.

XVI

Un secondo grande evento degno di nota era l'annunciata visita di un parente che, quale lavoro, aveva scelto di fare l'esploratore del mondo che stava oltre i confini del regno delle Tre Minestre, guidando, se così si può dire, aerei.

Dignitoso, severo e silenzioso come ogni buon pilota d'aerei dev'essere, aveva anche lui il suo tallone d'Achille. Senza andare a pensare a chissà cosa, la sua debolezza, la chiave per vincere la sua ritrosia al racconto – dettata anche dal timore di passare per vanitoso – era il ripieno della gallina lessata. Poiché, come detto, anche questo era un evento e aveva quindi precise regole che volevano rispetto assoluto, tutto partiva dalla scelta della gallina da sacrificare e a ciò provvedeva il ministro dell'Agricoltura. Il fatto mi ha sempre indotto a pensare, cosa della quale sono convinto anche ora, che le lunghe ore passate nel silenzio dei campi a cogliere e interpretare il linguaggio delle stagioni abbiano permesso alla zia Colomba di entrare in contatto non solo con gli alberi, come è stato descritto, ma anche con gli animali. Non altrimenti si spiegherebbe come mai la gallina scelta dopo una critica selezione intuisse che il suo destino più prossimo aveva i contorni di una pentola e attuasse vari sistemi per sfuggire alla sorte che l'aspettava. Il più comune era quello di non rispondere al "pio pio" serale, il richiamo con il quale il ministro dell'Agricoltura le invitava a raggiungere il pollaio per trascorrere la notte. "Cervello di gallina" non è certo un'espressione inventata a caso, perché così facendo il pennuto si esponeva al rischio quasi certo di cadere tra le fauci di una volpe, senza immaginare che il pensiero della zia Colomba aveva solo finto di incentrarsi su di lei per ingannare invece quella realmente destinata, che finiva regolarmente in pentola.

Della gallina così bollita non si buttava via niente, come succedeva del maiale.

Ciascuno aveva le sue parti predestinate, a cominciare dalle zampe, divise democraticamente tra me e la zia Colomba, cioè una per uno, e che spolpavamo senza timore di risucchi e dell'untume che residuava sulle dita e sulla bazza. L'uropigio, stante l'elevata quantità di grasso, era appannaggio della zia Cristina: insieme a cresta, collo e ali finiva nel piatto del ministro degli Esteri che, accontentandosi di quelle parti, dava una silenziosa dimostrazione di continenza.

Il ripieno, presente il pilota d'aereo con in piedi una volta tanto per terra, era sua esclusiva: si nutriva solo di quello e nessuno avrebbe mai osato chiederne o addirittura prenderne un boccone, nonostante la voglia. Quello che avanzava, generalmente molto poco, andava a finire a mo' di reliquia nel famoso archivio del regno delle Tre Minestre, mentre il resto della gallina, freddo e accompagnato da polenta e, secondo il periodo, dalla mostarda, ballava sulla tavola anche per tre giorni, sino a che di essa non restava un povero scheletro di cui si faceva omaggio al gatto di casa il quale, così come accadeva con le padelle dei fegatini, lo guardava con occhio vacuo probabilmente immaginando tutto il bendidio che era stato intorno a quelle povere ossa e nutrendosi della sua fantasia.

Il capitolo "Grandi Eventi" potrebbe comprendere altri momenti degni di nota, ma sono fermamente convinto che i due sopra citati siano più che sufficienti per introdurre all'EVENTO per definizione, la madre di tutti gli Eventi, quello che in un certo senso determinò il mio futuro e soprattutto mise le basi del mio conflittuale rapporto con la cassoeula.

Fu quando nel cerchio stretto della parentela, e quindi a tutti gli effetti cittadino del regno delle Tre Minestre, comparve un ministro del Signore, autorizzato a tutti gli effetti ad aver cura delle anime.

XVII

Nonostante l'aria di magia che si respirava al tempo delle Tre Minestre, l'avvento di un ministro del culto non ebbe niente di miracoloso ma fu il frutto di una vocazione perseguita sino al momento della consacrazione.

L'evento trovò spazio, e non poteva essere altrimenti, anche in un "Bollettino Parrocchiale" che, se esistesse ancora oggi, potrebbe intitolarsi "Ombriaco News".

Il compilatore dell'articolo, studioso di storia locale, gestore di una piccola osteria e soprannominato "Perdèe" poiché il suo piatto preferito erano i ventrigli di galli e galline (bolliti, lasciati raffreddare, tagliati poi a fette sottilissime e conditi con olio aceto sale e cipolle), faceva notare che quello era il primo ministro di Dio che compariva negli alberi genealogici del regno delle Tre Minestre e lasciava intendere che il fatto imponeva un'adeguata cornice di festeggiamenti.

Mica avevano bisogno, le Tre Minestre, che il mangiatore di ventrigli glielo andasse a suggerire. Ci avevano già pensato, da tempo. Da tempo avevano indetto riunioni congiunte e per ore e ore studiato *Il Talismano della Felicità*, sorta di bibbia della gastronomia, al fine di preparare un pranzo che entrasse negli annali.

Per comprendere quanto fosse epocale l'evento, giova puntualizzare che la cucina delle Tre Minestre la sera, dopo cena, diventava una sorta di *agorà* che ospitava rappresentanti di altri regni: si animavano così discussioni, si scambiavano consigli, notizie provenienti dal vasto mondo diventavano patrimonio comune. In mancanza di argomenti, il ministro degli Esteri proponeva una recita del rosario che era sempre ben accetta.

L'accesso all'*agorà* delle Tre Minestre era libero. Non bisognava suonare il campanello, che peraltro non c'era, nemmeno era necessario annunciarsi poiché il ministro degli Interni, benché tenesse gli occhi chiusi per i noti motivi, aveva l'orecchio fino e capiva al volo dal passo l'identità del visitatore. O forse farei meglio a dire visitatrici, visto che il regno delle Tre Minestre era di stampo prevalentemente femminile e gli uomini erano rigorosamente esclusi dalle decisioni più importanti quale può essere la compilazione del menu in onore di un fresco ministro di culto.

Bene, per un'intera settimana l'accesso all'*agorà* venne perentoriamente proibito a chicchessia. Non venne emanata alcuna ordinanza particolare, non venne data alcuna spiegazione, in modo che poterono fiorire voci tra le più disparate circa i motivi che avevano costretto le Tre alla clausura. Occhi curiosi, femminili, ma anche maschili che però fingevano un superiore distacco, si dirigevano alla sera verso la finestra illuminata della cucina, dentro la quale le Tre Minestre spulciavano il vangelo del gastronomo e discutevano attorno a questo o quel piatto.

A quelle riunioni io ero ammesso quale uditore ma, in verità, capivo ben poco di ciò di cui andavano dibattendo anche perché, quale manovra diversiva, mi era stato dato l'incarico di controllare la cottura delle patate avvolte nella stagnola e messe sotto la cenere del camino che, nonostante fosse estate, ardeva sempre. Tuttavia qualcuna delle parole che ogni tanto uscivano dalla bocca di una delle Tre Minestre restava appiccicata alle mie orecchie. Fu per colpa mia, della mia scarsa attenzione, che, quando il consiglio durava ormai da tre giorni, si creò un piccolo scandalo.

Durante la giornata, le Tre scomparivano e se per caso incontravano qualcuno non c'era verso di far loro confessare quello che stavano facendo la sera mentre erano raccolte in riunione. Io avevo il diritto di girellare per casa oppure fuori, naturalmente senza abbandonare i confini del regno. Stante la minore età, mi era severamente proibito di recarmi, se non accompagnato, sia al Circolo dei Lavoratori, sia all'Osteria dei Ronchi, locali dentro i quali avevo imparato che la persona educata non bestemmia e non sputa in terra. Se volevo un gelato, non avevo che da chiederlo. Quel pomeriggio lo desideravo ardentemente ma, assenti il ministro degli Esteri e quello dell'Agricoltura, e con il ministro degli Interni immerso in una profondissima, e rumorosissima, meditazione, decisi di infrangere il divieto e avventurarmi da solo alla spesa delle cento lire che mi ballavano in tasca all'Osteria dei Ronchi.

Andò tutto bene sino al momento in cui il gestore, un omone di quasi due metri dai baffi spioventi e zoppo perché, come appresi più tardi, aveva perduto un piede durante la ritirata di Russia, tese verso di me il desiderato cornetto avvisandomi che l'avrei avuto solo dopo avergli raccontato qualcosa su ciò che le Tre Minestre stavano combinando, perché era stufo di sentir parlare tutto il mondo noto di allora di quel mistero. Immaginando che da quel luogo non sarei mai più uscito, che forse l'omone mi avrebbe rinchiuso in una "moschirola", la gabbia pendula rivestita da una rete a maglie finissime dove venivano messi salami e formaggi a protezione dalle mosche, dissi ciò che mi ricordavo. Poco, ma fu sufficiente a scatenare il malumore dell'omone che, al solo sentir parlare di qualcosa che avesse a che fare con la Russia, diveniva paonazzo e doveva fare sforzi immani per non venir meno all'avviso circa la persona educata che non bestemmia.

Infatti il ministro dell'Agricoltura aveva scoperto, restandone affascinata, l'insalata russa. Una scoperta occasionale, avvenuta due pomeriggi prima durante un momento di riposo, mentre il sole di giugno scaldava e seccava il fieno tagliato e lei sfogliava un vecchio numero di "Alba", giornale al quale il regno era abbonato sin dalla sua fondazione. Quel piatto così fresco, così nuovo non poteva mancare sulla tavola della festa. Tra l'altro era autarchico, nel senso che avrebbe potuto confezionarlo con ciò che produceva lei stessa, senza bisogno di attingere alle riserve auree del regno.

Con l'oste mi andò anche bene. Stante il nervosismo che l'aveva repentinamente colto, si dimenticò di farsi pagare il gelato ma la storia che le Tre Minestre avessero a che fare con "qualcosa di russo" fu motivo di chiacchiere, illazioni, anche dubbi sulla sanità mentale delle Tre. Tutte cose che sparirono come neve al sole quando venne diramata la lista ufficiale degli invitati. La preparazione del pranzo fu un evento nell'evento. Ci vollero tre giorni che furono benedetti da un cielo luminoso e da un'aria profumata dal fieno falciato di recente, che donava ai gesti di ciascuno una specie di gioiosa lievità.

Non vidi mai come allora così tanta gente praticare le stanze del regno delle Tre Minestre, ma la cosa non deve meravigliare perché, essendo ogni altro regno presente con almeno un rappresentante nella lista degli invitati, ciascuno concorse con ciò che poteva alla riuscita della memorabile giornata.

I locali del pianterreno, tranne la cucina, vennero liberati al fine di ospitare gli invitati. Dall'estero giunsero piatti, posate, bicchieri, tovaglie, tovaglioli, sedie, una fornitura di nocino, una preziosissima bustina di zafferano Tre Cuochi, un cartoccio di erba liva, una bottiglia di grappa al ginepro, una federa ricamata per il cuscino dell'inevitabile riposo postprandiale del novello ministro, una confezione di karkadè dalla quale mancavano tre bustine, una confezione di latte in polvere, residuato di un lancio americano sui monti di Albiga nel 1945, un'immaginetta, con tanto di reliquia, di san Pasquale Baylonne (considerato patrono dei cuochi e dei pasticcieri, oltre che delle nubili in cerca di marito ragione per la quale le dette nubili lo invocavano nottetempo), un barattolo di vetro privo di etichetta e contenente una sostanza scura, fine come sabbia di mare, dapprima considerata una spezia dal sapore particolare e infine rivelatasi invece pura e semplice polvere da sparo.

Non mancò chi, dai regni esteri più disastrati, approfittò dell'occasione per liberarsi di ciarpame, quali sedie sfondate e piatti sbrecciati nell'equivoco tentativo di ottenere poi, passata la festa, la restituzione dell'oggetto *ad integrum*: vano stratagemma, poiché il ministro degli Interni, che per quei giorni aveva abolito le quotidiane meditazioni, vigilò attentamente su quei traffici svergognando i furbetti.

La cucina per quei tre giorni fu territorio *off limits* per tutti tranne che per le Tre Minestre e gli addetti ai lavori: tre meravigliosi esperti, usciti da chissà dove, di antipasti, primi e secondi piatti, dolci, più un quarto, un esteta di nessuna scuola, abilissimo nel confezionamento e nella decorazione dei piatti di portata.

Di tanto in tanto, quando qualcuno usciva dalla cucina, fosse uno dei tre cuochi per arrotolarsi una sigaretta o una delle Tre Minestre per assicurarsi che il resto dei lavori procedesse come da ordine di servizio, l'aria degli altri locali si impregnava di profumi che facevano miagolare il gatto di casa, segnale dai più ritenuto di buon auspicio per la riuscita di questa o quella pietanza.

Al sottoscritto vennero assegnati compiti di bassa manovalanza che consistettero prevalentemente nel restare a disposizione di chiunque avesse bisogno di una mano. Ricordo soprattutto con piacere di aver fatto da bocia a un muratore convocato per dare una sistemata all'acciottolato di casa e che, chiacchierando amabilmente, mi preparò alle dolcezze della vita raccontandomi spigliatamente di donne e bagordi con gli amici benché non fosse argomento consono alla sacralità dell'evento.

In ogni caso, la mattina della festa tutto era pronto, il menu, giusto per fare un appello finale, scritto su un foglio color carta da zucchero.

Lo elenco.

Antipasti e contorni: salame nostrano, prosciutto crudo in fette trasparenti arrotolate su grissini, prosciutto cotto, galantina (salume, quest'ultimo, tanto pregiato quanto sconosciuto ai più). Restò intoccata nel piatto di portata e si venne poi a sapere che dai presenti i pistacchi che davano una nota di colore all'impasto vennero interpretati come segno di marcescenza dell'insaccato. La famosa insalata russa autarchica, molto apprezzata dall'oste-reduce, che se ne servì più volte, chiamandola peraltro "insalata sovietica". Pâté di carne, olive snocciolate (la snocciolatura fu effettuata per l'occasione onde evitare che, come d'usanza, il nocciolo, una volta spolpato, venisse sparato ovunque con uno sputo). Filetti di acciuga con burro, cipolline in agrodolce, maionese preparata all'ultimo momento e per grazia ricevuta poiché, com'è del suo carattere, impazzì più volte mettendo in dubbio la sua presenza sulla tavola.

Primi piatti: lasagne di carne, stracciatella, brodo rigorosamente servito in scodella. Dopodiché i fumatori di toscano ebbero licenza di uscire per farsi quattro tiri ed emettere gli inevitabili, primi rutti. Al rientro stava per cominciare il servizio dei secondi e, anche se non lo sospettavo, la mia vita era a una svolta decisiva.

Secondi piatti, dunque: arrosto di manzo, sacca farcita altrimenti detta – nei giorni feriali – punta ripiena, coniglio in fricassea, cotolette, il tutto accompagnato da patate bollite e condite con aglio e prezzemolo, insalata di pomodori, cipolline *et cetera*.

Ma soprattutto, tra i secondi, venne particolarmente apprezzata una gallina che aveva inutilmente tentato di sfuggire agli artigli del ministro dell'Agricoltura.

Per i buoni servizi che avevo reso durante la preparazione dell'evento mi venne concesso l'alto onore di

anatomizzarla, cioè ridurla in pezzi edibili, sotto gli
occhi di tutti i presenti, cosa che mi diede un brivido,
una composita emozione di ansia e piacere.

Un occhio, soprattutto, seguì i miei movimenti, la
mia operazione: quello del ministro degli Esteri.

E non era la prima volta, compresi allora, che
quell'occhio mi seguiva, mi osservava, mi spiava, fingendo di occuparsi d'altro.

XVIII

DOPO una festa di quelle proporzioni il tempo sembra cambiare passo per un po'. Il disordine che gli ospiti si lasciano alle spalle è segnale di cosa ormai fatta, passata, che può rivivere solo nel racconto. Resta l'eco delle risate, delle voci, delle conversazioni. È per questo, forse, che dopo una festa, una qualunque festa, si ha bisogno di silenzio per carpire tutto ciò che è rimasto nell'aria, prima di riprendere la vita normale.

Fu così anche quella volta.

Furono necessari tre giorni per rientrare nella normalità. Necessari per riportare alla normalità anche lo stato della casa.

Sovrintese a tutto il ministro degli Interni. La sua memoria d'elefante le consentì di reperire oggetti prestati e relativi proprietari, in mondo da riconsegnarli sulla porta di casa senza che alcuno potesse, come forse avrebbe voluto, entrare per curiosare. Al termine di quei tre giorni non solo la casa delle Tre Minestre aveva ripreso l'aspetto solito, ma anche la famosa galantina era meravigliosamente sparita, e non certo nello stomaco del gatto di casa.

La riunione dei tre ministri che diede un senso e una svolta alla mia vita, e mi indirizzò anche a concepire un certo disgusto nei confronti della cassoeula, avvenne due sere più tardi, un venerdì.

Pranzo e cena rigorosamente di magro: ma averne ancora di quei magri venerdì e dei missoltini accompagnati nel piatto da fette di polenta riscaldata sulla stufa a legna!

Una volta cenato, l'ordine partì direttamente dal ministero degli Esteri.

«Va' a giocare!»

Incredibile.

Dal ministro degli Esteri, stante il filo diretto che aveva con la Madonna del santuario di Lezzeno, mi sarei aspettato ingiunzioni quali: «Va' a pregare!», oppure: «Pentiti!», o ancora: «Mortificati!», e magari anche: «*Memento mori*».

Ma l'invito a uscire di casa per darmi al bel tempo, mai.

Fossi stato più smaliziato, avrei compreso che qualcosa di grosso bolliva in pentola. Invece obbedii e uscii nel cortiletto di casa, avvolto nel tepore profumato di una tarda sera d'estate, e mi svagai guardando il cielo e cercando di contare le stelle, cosa che mi riuscì male più di una volta, obbligandomi a riprendere il conto e insinuando in me un astio nei confronti della matematica che vive tuttora.

Finì che mi addormentai, trasportato, incosciente, nel letto dove proseguii il sonno.

La mattina seguente il mio destino era segnato.

Sarei, a tempo debito e dopo i dovuti studi, diventato il ministro della Sanità nel regno delle Tre Minestre, e per decreto dello stesso ministro degli Esteri che, in quanto tale, non ammetteva obiezioni, nemmeno da parte mia.

Obiettare non era nel costume dell'epoca, e infatti non lo feci.

Chiesi solamente, sembrandomi una carriera irta di molti ostacoli, quanto tempo ci sarebbe voluto.

Ottenni una risposta più che soddisfacente.

«Quello che serve».

Osai anche chiedere chi avrebbe provveduto al mio sostentamento durante gli anni a venire, a chi avrei potuto rivolgermi in caso di difficoltà: avevo la testa piena di domande intricate, dubbi, paure.

«Non preoccuparti, per qualunque cosa ci siamo noi», fu la risposta recitata in coro dalle Tre Minestre poiché la comunicazione mi era stata data davanti al consiglio riunito.

Quindi il ministro degli Esteri riprese la parola per spiegarmi come era addivenuta a quella decisione: un regno terreno, disse, era sempre perfettibile e il loro aveva fatto un passo verso la perfezione acquisendo un ministro del culto. Adesso che potevano contare su qualcuno che avesse cura delle loro anime, proseguì, bisognava pensare a qualcun altro che si prendesse cura dei corpi: l'equazione non faceva una grinza, impossibile metterla in dubbio anche se, come già detto, all'epoca era impensabile dubitare della parola di un tale ministro degli Esteri. Il fatto che mi avesse visto tagliare con tanta cura e precisione la gallina durante il pranzo per il novello sacerdote era un particolare del tutto secondario, pur avendo avuto la sua importanza nello spingerla alla decisione.

Quella sera ebbi la benedizione delle Tre Minestre e me ne andai a dormire con un certo magone nell'animo poiché sapevo che l'investitura testé ricevuta mi avrebbe allontanato, come in effetti fu, dal loro regno.

XIX

Gli anni che seguirono furono ovviamente anni di studio con qualche parentesi, distrazioni dovute perlopiù ai primi, giovanili amori e conseguenti delusioni che vennero curate con quella che modernamente è definita "terapia del lavoro" mentre all'epoca consisteva nel venir affidato per qualche giorno al ministro dell'Agricoltura il quale aveva una specialissima tecnica per curare le pene d'amore: affidava all'amante deluso, in quei casi il sottoscritto, i lavori più rognosi e che regolarmente portavano l'esecutore a un soliloquio fitto di maledizioni indirizzate alla disgraziata che, con la sua indifferenza, aveva creato le condizioni per quella cura. Nel giro di un paio di giornate, massimo tre, l'amore si era tramutato in odio puro e il cuore era bello e guarito.

A far sì che l'impegno dello studio fosse sostenuto da un adeguato apporto calorico provvedeva la cucina del ministro degli Interni. Non era più, naturalmente, come ai bei tempi, quando il quotidiano apporto di

burro manteneva saldamente il mio colesterolo a livel-
li da "Guinness dei primati". Avendo ben presente
questo fatto, il ministro mi somministrava in un colpo
solo la quantità di burro che solitamente spalmava
lungo la settimana sciogliendolo dentro stufati, brasa-
ti, polente conce, polente e "usèi scapà" o anche caduti sotto i colpi di qualche cacciatore, spezzatini,
capretto in "sguazzèt", conigli e via dicendo. Naturalmente anche nei formidabili fegatini immersi in una
densa, collosa coltre di burro.

Tutto ciò accadeva durante le settimanali visite che
rendevo alle Tre Minestre, nel corso delle quali c'era
anche il momento di una sorta di relazione da fare al
ministro degli Esteri; era il momento in cui venivo
interrogato sui progressi compiuti e su eventuali emer-
genti necessità e mi era concesso di parlare in piena
libertà.

L'incontro avveniva nella sala buona di casa, sorta
di piccolo museo, dall'aria che pareva immobile, il cui
pezzo più pregiato era una vetrinetta che conservava
bottiglie di liquori senza età, omaggi di visitatori del
regno delle Tre Minestre, e conservate come onorifi-
cenze. L'unica bottiglia che di tanto in tanto usciva a
farsi due passi era quella del Fernet Branca, da usarsi
solo in caso di mal digestione, aggiunto a un caffè rigorosamente amaro e con una spruzzata di limone
così da ottenere una miscela omicida.

In quella sala esposi dubbi e ricevetti conforto.
Ricevetti anche qualche spicciolo, in verità. E soprat-

tutto compresi finalmente che la massima con la quale il ministro degli Esteri chiudeva quegli incontri, *Age contra*, non era un invito a fare esattamente l'opposto di ciò che il dovere quotidiano richiedeva, ma piuttosto l'ordine di contrastare le spinte negative che venivano dall'interno e rischiavano di portarci sulla cattiva strada.

Benché fossi ancora ben lontano dalla laurea e dal diritto di fregiarmi del titolo di ministro della Sanità del regno, forse pensando che anche il solo respirare l'aria dell'università mi dotasse di capacità diagnostiche, di tanto in tanto qualcuna delle Tre Minestre mi sottoponeva quesiti di natura medica.

Alcuni, in verità, ebbi la fortuna di risolverli.

Come, per esempio, la cervicale del ministro degli Interni. Non fu certo merito mio, ma della televisione. Perché nel frattempo il regno delle Tre Minestre aveva concesso qualcosa alla modernità, e l'apparecchio televisivo era stato tra quelle innovazioni. Enorme e ritenuto di fragile costituzione, tanto che veniva acceso per ordine della zia Colomba quando c'era "A come agricoltura" e per ordine della zia Paolina quando c'era qualche messa o altra occasione particolare come, tanto per fare un esempio, la benedizione *Urbi et orbi* (da alcuni dissacratori di regni esteri ridefinita "Urbi e torboli"), o la cerimonia di apertura dell'Anno Santo.

Il ministro degli Interni era sicuramente il più affascinato dal meraviglioso elettrodomestico. Forse, però, provava un po' di vergogna nel cedere a quella tentazione, quindi cercava di farlo di nascosto dalle altre due colleghe, accendendola quando costoro non erano presenti. Il fatto è che il televisore, forse per qualche difetto di fabbrica, trasmetteva un'immagine che a un certo punto cominciava una sorta di rotazione, come se fosse un astro celeste, inclinandosi in senso antiorario e procedendo piano piano sino a completare il suo giro che, miracolosamente, tornava al punto di partenza quando le altre due Minestre l'accendevano per godersi i loro programmi preferiti. Sorprendendo più volte il ministro degli Interni con il collo piegato nelle più innaturali posizioni per seguire il moto del video, la sconsigliai, come avrebbero fatto tutti, di perseverare in quegli esercizi da contorsionista, e da quel momento il ministro degli Interni rinunciò alla tentazione e, anzi, coprì l'apparecchio con una vecchia preponta, come a volerne negare l'esistenza.

Per l'insonnia, della quale il ministro degli Esteri si lamentava spesso, non trovai di meglio che consigliare un maggiore quantitativo di burro che, inspessendo il sangue, ne avrebbe rallentato la velocità con la quale circolava e di conseguenza anche il corso dei pensieri notturni si sarebbe dato una calmata.

Al ministro dell'Agricoltura consigliai banalmente di ridurre la quantità del lavoro quando cominciò a evidenziare segni di stanchezza: gentilmente, mi rispose che avrebbe immediatamente trasferito il suggerimento a galli, galline, vacche, pecore e conigli senza tralasciare la vigna e i prati affinché riducessero le necessità quotidiane.

Stante la lontananza forzata dal regno, dopo averlo tanto frequentato, per via degli impegni di studio, in quel periodo diventai un po' malinconico. Certe pastasciutte scotte e insapori servite senza ritegno alla mensa universitaria mi mettevano la nostalgia del reiterato veneficio a base di burro della zia Cristina, certe *mise* elegantine e perfettine di alcune studentesse di città mi provocavano ondate di commozione pensando agli splendidi "scosàa" a motivi floreali che la zia Colomba indossava quando poteva permettersi una mezza giornata di riposo, la prosopopea di certi professori mi faceva venire la voglia di invitarli nella sala buona del regno delle Tre Minestre per metterli a confronto con il ministro degli Esteri e vedere che fine avrebbe fatto la loro sicumera davanti ai suoi indiscutibili dogmi.

I miei ritorni erano sempre valutati con occhio critico.

Soprattutto il ministro dell'Agricoltura che, tra le tante, aveva anche la rara abilità di saper valutare peso e valore di una bestia, capiva al volo se avevo bisogno di un rinforzo nutrizionale mentre il ministro degli Interni, che fossi o no dimagrito nel frattempo, procedeva senza bisogno che qualcuno le dicesse quanto e cosa dovessi mangiare. Il ministro degli Esteri mi scrutava. Non faceva domande in pubblico, davanti alle sue colleghe. Capiva però se qualcosa mi affliggeva e allora partiva la convocazione nella sala buona dentro la quale, oltre che rispondere alle sue domande, cercavo di fare il pieno di quell'aria eterna, del profumo di tempo sempre uguale che si concentrava solo in quel locale e che dopo un po' dava l'impressione di essere personaggi di un quadro e non persone vive e vegete immerse in una conversazione.

Ancora oggi per me è un mistero comprendere come il ministro degli Esteri riuscisse a leggere così profondamente nel mio animo. L'unica spiegazione logica è che avesse veramente un filo diretto con la Madonna del santuario di Lezzeno e che ogni tanto le apparisse davvero per metterla al corrente di cose che mente umana non sarebbe mai riuscita a sapere.

XX

Fu lei, una domenica, dopo essermi strafogato con due piatti di capretto in "sguazzèt", a intuire che qualcosa non mi andava per il verso giusto. Forse fu la foga con la quale affrontai il cibo, sorta di compenso del corpo contro i dolori dell'anima, a metterla sull'avviso. Sta di fatto che arrivò la convocazione alla quale era impossibile negarsi.

In effetti c'era qualcosa. Anzi, più di qualcosa. Qualcosa di spaventoso, qualcosa che al solo pensarlo venivano brividi e sudori. Qualcosa che era ormai diventata una presenza fissa, quotidiana, costante, che mi aspettava al mattino al risveglio e mi accompagnava sino al momento di coricarmi, tentando anche di entrare nei miei sogni. Una cosa che non avevo ancora detto a nessuno, spaventato all'idea di confessarla, facendola così diventare di pubblico dominio. Tuttavia, durante quel primo interrogatorio riuscii a glissare sulle domande del ministro degli Interni, e non fu cosa facile. Dovetti inventarmi scuse banali alle quali il ministro degli Esteri fece solo finta di credere. Uscii dalla sala con la certezza di non essere riuscito a ingannarla e la prospettiva di una nuova convocazione.

Mi aspettavo quindi un nuovo interrogatorio per la domenica successiva.

Invece non ci fu. Però durante il pranzo commisi un errore madornale.

C'era gallina a lesso, senza ripieno poiché il pilota di guerra in tempo di pace era impegnato in una missione all'estero. A nessuno dei ministri sfuggì la mia ritrosia nel prendere decisamente in mano zampe, ali e collo, le parti migliori del pollo insomma, come avevo sempre fatto in osservanza al dogma secondo il quale anche la regina Margherita mangiava il pollo con le dita.

Nella settimana che seguì, cosa di cui venni a conoscenza solo anni dopo, le Tre Minestre misero a punto il piano che, esattamente la domenica successiva, mi avrebbe portato a confessare ciò che mi turbava.

In primis, non scartando la possibilità che con una scusa qualunque non mi fossi presentato all'appuntamento domenicale, il ministro degli Interni propose di cucinare i prelibatissimi fegatini, ben sapendo che non avrei resistito al richiamo. Il ministro dell'Agricoltura si disse d'accordo anche se, per realizzare il piano, dovette anticipare un'ammazzatina di gallinacei al fine di mettere assieme una quantità di interiora sufficiente all'appetito di tutti.

Il colpo di genio però fu appannaggio del ministro degli Esteri.

Propose un dolce. Anzi, lo impose.

«Mele al forno caramellate».

Visto che in tale dolce sarebbe stato contro natura mettere del burro, il ministro degli Interni sollevò una circostanziata obiezione.

Perché, piuttosto, non preparare una bella crostata con la marmellata di albicocche di rigorosa produzione domestica?

«Mele al forno», ribadì la collega agli Esteri.

Con tanto zucchero nello scavo del torsolo.

E cannella!

«Cannella?», interloquì il ministro dell'Agricoltura.

Cannella senza risparmio.

«E infine...», comunicò il ministro degli Esteri tenendo per un momento in sospeso le altre due... «infine, una spruzzatina di un pestato di semi di caneosa!».

Turbate da quell'uscita, le altre due Minestre non seppero cosa dire per qualche secondo. Ciò che la collega agli Esteri aveva appena detto non stava né in cielo né in terra: né loro né io, infatti, eravamo dei merli o dei fringuelli.

Vale, a questo punto, chiarire che la caneosa è, o era, la denominazione dialettale della canapa, i cui semi venivano utilizzati per sollevare il tono dell'umore degli uccelli da richiamo o da compagnia e stimolarne il canto.

Sostanza eccitante insomma, a effetto ipnotico e rilassante combinata con la cannella: per informazione certa, assicurò il ministro degli Esteri, così facendo ne usciva un vero e proprio siero della verità.

Una sola mela doveva essere arricchita con quella mistura, quella che sarebbe finita nel mio piatto, e così fu.

Non so, in verità, se fu davvero a causa dell'intruglio o perché ero saturo di quel pensiero che ormai era diventato una persecuzione quotidiana, ma la domenica successiva confessai tutto, senza bisogno di andare nella sala buona, davanti alle Tre Minestre.

XXI

Era successo che erano arrivati, anzi, me li ero portati io a casa facendo una fatica da alpino, i sei volumi dell'*Anatomia Umana Normale* del professor Angelo Bairati e davanti a loro mi ero sentito immediatamente come uno che, nato e cresciuto in Pianura Padana, venga improvvisamente messo davanti a un ottomila con l'imperativo categorico di scalarlo. Ormai toccava a loro, non c'erano santi, era giunto il momento di ficcarseli in testa. Ma ogni volta che ne avevo aperto uno, a caso, per rendermi conto di ciò che mi aspettava, mi sorgeva nell'animo un sentimento di sconfitta senza rimedio, missione impossibile.

Una volta ascoltata la mia confessione:

«*Age contra*», ribadì per prima cosa il ministro degli Esteri, sottolineando che niente e nessuno doveva precludermi la strada per diventare ministro della Sanità del loro regno.

Poiché, però, era anche persona di senno, pratica, programmò immediatamente una missione all'estero per rendersi personalmente conto di ciò che avevo detto. Una volta verificato che non avevo esagerato, d'intesa con le altre due Minestre emanò una dichiarazione nella quale lei, di concerto con le altre, ammetteva la difficoltà dell'impresa ma che una ferrea volontà di riuscita avrebbe superato qualunque ostacolo. Invitava inoltre a riflettere circa il fatto che la notizia secondo la quale il regno delle Tre Minestre si sarebbe arricchito di un ministro della Sanità e l'eventuale smentita avrebbe creato difficoltà diplomatiche nei rapporti con i regni finitimi, creando anche un danno d'immagine. Assicurava che le Tre Minestre, da quel momento in avanti, sarebbero state a disposizione del divenendo ministro della Sanità per qualunque necessità, in qualunque momento, offrendo la piena disponibilità delle risorse materiali e morali del regno stesso. La dichiarazione, concluse, era da ritenere decreto con effetto immediato.

La determinazione delle Tre Minestre, la delusione che avrei dato loro se mi fossi lasciato vincere dalla paura di non farcela a scalare la montagna Bairati, fu lo stimolo migliore per convincermi a dare il via alla spedizione nel corso della quale trovai più di una difficoltà, ma mai tali da non poter essere superate con un po' più di impegno corroborato da certi esplosivi zabaioni del ministro degli Interni.

Una sola volta dovetti ricorrere veramente al consiglio delle Tre Minestre dopo aver disperatamente applicato quell'*Age contra* che era ormai diventato la quotidiana colazione del mattino ma verificandone infine il tallone d'Achille: contro il decorso dei nervi cranici non funzionava mica tanto. Con i loro tortuosi giretti dentro la nostra zucca essi riuscivano a mettere in dubbio anche l'imperativo ministeriale.

Ci volevano le Tre Minestre, forse loro avevano la soluzione. Chiesi e ottenni udienza: non sapevo che stavo per risolvere il problema dei nervi cranici e avviare invece un rapporto conflittuale con la cassoeula.

Cibo principe della vendemmia, la cassoeula, con la quale si appesantiva lo stomaco ma si alleggeriva l'animo dei portatori di brente colme di uve e dei raccoglitori delle stesse. Ma anche simbolo dell'autunno, la brumosa stagione della migrazione degli uccelli alcuni dei quali cadevano in padella mutando il loro destino da "scapàa" a "ciapàa" e poi dell'inverno odoroso di stufa a legna e di camino, quando la verza gela e suda il suo umore nella pentola, dove ad accompagnarne la lenta cottura capita di trovare salsicce o costine oppure pezzi di "còdega" o anche tutte queste cose in allegra compagnia. La verza, stante le sue umili origini, tollera qualunque cosa pur di non rimanere sola nel lento viaggio verso il destino che le è stato assegnato.

Per tornare al motivo che mi indusse a chiedere udienza alle Tre Minestre, mentre la cassoeula marcia lentamente verso la sua meta mi tocca puntualizzare che ciascuno di noi possiede dodici paia di nervi cranici, pari e simmetrici, come si usa dire anatomicamente parlando. Questi nervetti sono indispensabili per annusare i profumi, tra i quali anche quello della cassoeula, o per inquadrare per bene le belle donne, anche se già sposati, poiché è noto che l'occhio non paga dazio; per assaporare il gusto di una pietanza, come, tanto per restare in tema, quello della cassoeula giunta a cottura; per determinare quella che comunemente viene definita acquolina, secreta appunto quando la cassoeula è pronta ma non ancora spentolata nei piatti; per smadonnare quando qualcosa ci va storto; per esultare quando la nostra squadra fa goal o dichiarare l'amore con voce fonda e persuasiva; per ridere quando l'amata di turno ci dice sì o piangere quando invece risponde no; per masticare, quando finalmente la cassoeula arriva nel nostro piatto e per deglutire, quando il primo boccone della pluricitata pietanza finisce nelle nostre fauci...

Insomma, questi fondamentali, necessari, insostituibili ma anche cornutissimi nervetti hanno, dalla partenza alla meta, un decorso irto di angoli, curve, ingressi e uscite da forellini, intrecci, emergenze e immersioni tali da far venire la nausea al solo pensarci. Basterà dire che quando salivo sulla corriera per raggiungere il regno delle Tre Minestre lasciando per un poco la mia camera di studio non potevo fare a meno di pensare, curva dopo curva, al trigemino e alle sue tre branche. Ma, nonostante l'avessi ripassato pochi minuti prima, una volta sceso dalla corriera, mi assaliva immediatamente il dubbio: il nervo mascellare emergeva dal *foramen rotundum* dell'osso sfenoidale o era piuttosto il mandibolare che cedeva il passo al collega per trovare l'uscita attraverso il foro ovale?

Per non parlare del tragitto degli altri, dell'abducente, dell'ipoglosso, dell'oculomotore, che sembravano divertirsi ad animare una danza macabra a tutto vantaggio della mia confusione mentale. Dall'alto della sua lungimiranza, il ministro degli Esteri propose di studiare per conto mio il tragitto dei nervetti, che avrei più volentieri consumato con la cipolla, onde aiutarmi nell'apprenderne il percorso. Finì che lei, che non aveva all'orizzonte alcun esame da sostenere, conosceva alla perfezione il giretto di accessorio e vago, mentre io confondevo ancora il sensorio con il motorio.

Da qui la decisione del ministro degli Esteri di passare all'azione, in obbedienza a una legge del regno secondo la quale valeva più la pratica della grammatica.

Delle Tre Minestre quella che più si intendeva di pratica era certamente il ministro dell'Agricoltura poiché era il suo pane quotidiano.

Fu proprio lei, con la semplicità di chi è abituato a non girare troppo attorno a un problema, a proporre la soluzione: tenendo tra le mani un cranio vero, come se avessi avuto sotto gli occhi la mappa di una città, avrei fotografato curve e tornanti di quei maledetti così da non dimenticarli mai più. Con burrosa ironia il ministro degli Interni chiese infatti chi delle

Tre si sarebbe offerta al decollamento per scarificare il proprio cranio sull'altare della scienza. La collega all'Agricoltura non colse l'ironia o se lo fece sorvolò. Se aveva parlato, era perché aveva la soluzione anche per quello.

Me ne mise a parte durante un colloquio a quattr'occhi avvisandomi di stare pronto alla sua chiamata che non tardò ad arrivare.

XXII

Correva novembre, le prime gelate notturne avevano già preparato le verze per finire in casseruola. Ed era una mattina di foehn, caldo e teso, che disturbava le acconciature femminili e metteva in all'erta il sistema neurovegetativo dei meteoropatici, esaltando però la bellezza autunnale delle montagne e la maestà del lago, quando il ministro dell'Agricoltura mi convocò per trasmettermi l'ordine di servizio: il cranio mi stava aspettando.

Faticai sulle prime a comprendere ma poiché non era nelle abitudini del ministro dell'Agricoltura perdersi in scherzi, chiesi dove e la spiegazione arrivò.

Il regno che confinava con quello delle Tre Minestre era governato da un reggente noto per l'incredibile numero di figli che aveva messo al mondo: diciassette, forse diciotto, tutti nati uno appresso all'altro e all'epoca ancora in un'età che non permetteva di impiegarli in un lavoro purchessia. Ne conseguiva che il poveretto doveva lavorare anche di notte per sfamare tutte quelle bocche, accettando incarichi di ogni tipo, essendo un abile tuttofare, di nessuna scolarità ma dall'intelligenza fina, com'è di molti contadini. Tra i tanti aveva il compito di tenere in ordine il cimitero di quel piccolo mondo suddiviso in tanti regni: cimitero unico, comune, poiché ritrovarsi lì era un po' come condividere un bicchiere di vino all'osteria dopo le fatiche quotidiane, scambiandosi notizie sul tempo e vantando la qualità dei prodotti ottenuti.

La zia Colomba gli aveva sottoposto il problema e lui le aveva offerto la soluzione: bastava che andassi a trovarlo e nella fossa comune dove venivano raccolte e conservate le ossa di coloro che erano stati uomini e donne ormai senza discendenza, senza nome o altro che li potesse identificare, avrei sicuramente trovato ciò che faceva al mio caso. Naturalmente, una volta terminato l'uso didattico, il cranio prescelto sarebbe tornato insieme con gli altri suoi anonimi compagni.

L'appuntamento al cimitero era per le undici del mattino. Mi avviai per tempo, godendo lo splendore della giornata: quando, da qualche parte, leggo di qualcuno che ha l'animo leggero, penso a me quella mattina. Ogni cosa celebrava la bellezza del Creato: la sinfonia dei colori orchestrata e diretta da quel vento leniva il pensiero della meta verso la quale ero diretto. Entrai al cimitero con un certo grado di esaltazione sensoriale il cui livello ebbe un primo stop quando mi si presentò il fornitore di crani: alto, addirittura allampanato, con gli occhi sporgenti, che avanzando negli studi avrei compreso essere dovuti all'ipertiroidismo, e da un respiro faticoso attribuibile a un'asma.

Non fece parola. Con tutti quei figli da mantenere risparmiava su tutto, anche sul fiato.

Mi rivolse un cenno con il capo, lo seguii e tutta la bellezza del Creato svanì d'un subito quando mi introdusse in un seminterrato dov'era la fossa comune.

Il luogo era buio, e non poteva essere altrimenti.

Potente, nell'aria, un appiccicoso odore di muffa, ma non solo. C'era qualcosa che faceva pensare alle acque ferme di uno stagno, a una stanchezza infinita come quella dei destinati alla vita eterna nei *Viaggi di Gulliver*.

La fossa comune, non so definirla altrimenti, mi parve immediatamente come una piscina. Con la differenza che, al posto dell'acqua, era ripiena di ossa umane. E il mio mentore vi si tuffò, letteralmente. Di piedi. Con un'indifferenza sicuramente figlia dell'abitudine.

Atterrando su quel letto di ossa e cominciando a camminarci sopra, cominciò a produrre sinistri scricchiolii, come di sedie malferme.

A quel punto stavo già sudacchiando.

Il pensiero di aver abbandonato un mondo di colori per quell'Ade in cui prima o poi sarei finito anch'io prese il sopravvento. L'allampanato taceva. Ma camminando e scricchiolando, di tanto in tanto si chinava per raccogliere un cranio e, con noncuranza, gettarmelo, così che mi toccava prenderlo al volo temendo ogni volta di commettere un imperdonabile sacrilegio.

Alle sue domande dopo ogni lancio, «Va bene questo?», risposi sempre no. Forse pensando che avessi bisogno di altre parti dello scheletro umano, mi invitò a scendere nella piscina per servirmi con tutto comodo di tibie, vertebre, coste e quant'altro. Rifiutai recisamente, mentre cominciavo ad avvertire una sensazione di mancanza d'aria, un vago senso di nausea, l'impellente necessità di scappare da quel posto. Intanto crani di varie dimensioni e nelle condizioni più diverse continuavano a fioccare. Mi resi conto che l'allampanato stava cominciando a perdere la pazienza, cosa che mi fece solo piacere, poiché sarei stato felice se mi avesse scacciato anche in malo modo. Infine nel seminterrato cadde un improvviso silenzio. Gli scricchiolii di ossa martoriate, che sino a poco prima avevano scandito il passare del tempo, cessarono.

Per un istante pensai con terrore che l'allampanato fosse magicamente sparito, lasciandomi solo dentro quel posto e senza la possibilità di uscire.

Poi il primo tocco della campana che suonava il mezzogiorno entrò in quel silenzio, nell'aria fetida del seminterrato.

Mezzogiorno!

L'allampanato pronunciò quella parola come se già stesse mangiando. E come se stesse mangiando quello che la moglie gli aveva promesso per pranzo: una cassoeula.

Ma come piaceva a lui! Bella grassa!

Al pensiero del pranzo che lo attendeva e mentre il campanile scandiva le ore, la lingua dell'allampanato si sciolse per recitare come se fosse un rosario tutti gli ingredienti che pretendeva in quel piatto: costine di maiale, cotenne fresche, un pezzetto di codino, salamini verzini, burro a volontà, verza, cipolle...

A ogni ingrediente citato la mia nausea aumentava. A ogni tocco del campanile la scialorrea dell'allampanato diveniva incontenibile, non vedendo l'ora di buttarsi su quel piatto che voleva consumare caldo, quasi bollente, in modo da gustare sino in fondo il grasso appiccicoso e saporito. E, anche, non vedendo l'ora che finalmente mi decidessi per un cranio purchessia, lasciandolo libero di volare verso il suo untuoso appuntamento.

Ne afferrò uno, che aveva ancora un residuo di capelli all'occipite, e me lo lanciò secondo il modo solito.

«Vàl bèn questo chì?», disse con un tono che non ammetteva repliche.

Andava bene, benissimo.

Anche perché oltre non sarei riuscito a sopportare. Ma dovetti sorridere quando il mio fornitore di ossa, a mo' di saluto finale, mi disse che di tutte le cose buone che la vita offriva, cassoeula compresa, conveniva approfittare prima di fare la fine di coloro sopra i quali stava camminando.

Infine mi augurò buon appetito.

Ma che appetito potevo avere con in mano il cranio

di chissà chi, che chissà cosa aveva mangiato in vita! Era magari stato anche lui, o lei, un fanatico della cassoeula, cibo che al solo pensarlo adesso mi rovesciava lo stomaco.

Digiunai quel giorno.

Il cranio, che portai a casa nascosto sotto il giaccone, roteando gli occhi a destra e a sinistra perché mi sentivo un vero trafugatore di cadaveri, finii per metterlo in una vecchia scatola di biscotti, avvertendone comunque la presenza, soprattutto di notte.

Ne tollerai la muta compagnia per non più di un paio di giorni. Una mattina, sapendo che per il cimitero era giorno di chiusura, lo riportai nel posto che il destino gli aveva riservato. Impiegai il tempo che mi separava dal consueto appuntamento domenicale con le Tre Minestre per mandare a memoria il tragitto dei maledetti nervi, ben sapendo che il ministro degli Esteri me ne avrebbe chiesto conto: fu così, toccò all'abducente e all'ipoglosso, di cui raccontai vita, morte e miracoli, manco li avessi inventati io. Non appena varcati i confini del regno avevo annusato l'aria, temendo, visto che era stagione, di percepire l'odore della nefanda cassoeula con tutto il suo codazzo di recentissimi ricordi bui, tenebrosi, agonici. C'era invece un rilassante profumo di lesso, il profumo di quelle domeniche.

Che non rispettava confini, e di regno in regno segnava il giorno dedicato al riposo.

Mi piaceva pensare che, in quelle ore, tutti fossero come me, felice di vivere in un mondo eterno.

XXIII

Ciò che seguì a quell'episodio è storia poco degna di nota.

Il mio rapporto con la cassoeula, nonostante numerosi tentativi di riconciliazione, resta sempre conflittuale. Sono giunto, per intanto, a tollerarne la vista e a sopportarne l'odore. Ma per convicermi a consumarla dovrei riuscire a dimenticare quella lontana mattina di novembre, la scricchiolante fragilità di ciò che diventiamo, le orbite vuote del cranio, il desolante anonimato di femori, tibie, vertebre senza più nome.

Naturalmente, spalleggiato in tutti i modi possibili dalle Tre Minestre, completai il corso di studi. Quando però giunse il momento di assumere la carica di ministro della Sanità, accadde una cosa prevedibile e inevitabile. Come tutti i regni di questo mondo, anche quello delle Tre Minestre svanì, lasciando dietro di sé un lieve profumo di timo selvatico, l'erba di "pèss", indispensabile per cucinare gli agoni in carpione.

Non divenni mai ministro della Sanità del regno.

Come mi fece notare un tipo pratico, ormai ero grande, dovevo smettere di credere alle favole.

Sicuramente aveva ragione.

Ha ragione chiunque la pensi come lui.

Però me ne frego.

Così quando guardo la riva del lago, penso alle Tre Minestre e le vedo non dentro la terra scura, ma lì, tra i ciottoli accarezzati dall'acqua.

E qualcuno provi a dirmi che non è vero.

Il ricettario
delle Tre Minestre

Introduzione

NON importa se sulla tavola della cucina nella casa delle Tre Minestre c'erano piatti sbrecciati, posate spaiate, bicchieri uno diverso dall'altro, tovaglioli ricavati da usurati strofinacci eventualmente abbelliti da bordi rifatti con una vecchia Singer a pedale.

Non importa se a volte ci si asciugava la bocca utilizzando l'avambraccio e nemmeno importa se spesso mancava la tovaglia e si mangiava sulla cerata.

Gli orari di rientro per pranzo non erano uguali per tutti, ma ci si aspettava per quel comune sentire che dava il senso di appartenere a una famiglia.

Una cosa non è mai mancata, il sale. Certo non quello minerale, utile a condire qualunque cibo, ma il sale del sacrificio, della fatica, il sale del sudore grazie al quale anche le Tre Minestre mi hanno spianato la strada, consentendomi di diventare quello che sono.

Su tutto ciò, sempre in cucina, vegliava una piccola immagine del Sacro Cuore di Gesù. L'ho voluta in eredità, e adesso veglia su di me, in casa mia.

Primi

Ris e predasèn
Riso e prezzemolo

Ingredienti per 4 persone

200 g di riso
1,2 l di brodo
1 manciata di prezzemolo tritato
1 noce di burro
parmigiano grattugiato
sale

Preparazione

Portare a ebollizione il brodo in una casseruola, aggiungere il riso. Se serve, aggiustare di sale.
Alla fine della cottura aggiungere il prezzemolo e il burro.
Servire ben caldo con il parmigiano grattugiato.

Ris e usèi
Riso e uccelli

Ingredienti per 4 persone

350 g di riso
uccelli (quantità variabile a seconda della taglia)
pancetta tagliata a fette spesse
salvia
burro
1 cipolla piccola
brodo
sale

Preparazione

Tagliare una fetta di pancetta a dadi un po' grossi, poi infilare gli uccelli su uno stecco alternandoli a un dado di pancetta e a una foglia di salvia. Salare.
Cuocere il burro in una padella finché non assume un bel colore rosso insieme a un po' della pancetta rimasta tagliata a dadini piccoli. Quando è ben rosolata, unire gli uccelli e farli cuocere lentamente, coperti, rivoltandoli ogni tanto fino a che non saranno ben coloriti. Se serve, bagnare con un po' di brodo.
Nel frattempo preparare il risotto. Soffriggere nel burro una cipollina tritata. Aggiungere il riso mescolando bene e facendolo tostare. Unire via via poco brodo per volta, non mettendone altro finché il prece-

dente non è assorbito e rimestando sempre. Continuare così fino a cottura ultimata.

Servire gli uccelli sul risotto versandovi sopra il loro sugo di cottura.

In alternativa, si possono servire con purea di patate o polenta.

Dico no.
Da lombardo anomalo concepisco il riso al pari
di una medicina: lo consumo raramente, in bianco
e con un filo d'olio, quando mi devo punire
per qualcosa, uno stravizio o un disturbo gastrico.
Sono certo che anche i volatili sono del mio parere.
"Chiedete agli uccelli del cielo ed essi vi diranno
la risposta".

Pulenta

Polenta, ricetta base

Ingredienti per 4 persone

500 g di farina gialla
(oppure 250 g di farina gialla
e 250 g di farina di grano saraceno)
1,5 l di acqua
sale

Preparazione

Salare l'acqua poco prima che entri in ebollizione.
Quindi versare la farina a pioggia mescolando con la
frusta affinché non si formino grumi.
Continuare la cottura, sempre mescolando, per 45
minuti.

Mio zio Domenico se ne metteva una gran fetta
nel piatto, poi la prendeva in mano e ne faceva
una palla.
Solo dopo la mangiava.
A un certo punto compresi che la insaporiva
con i profumi della natura che toccava
tutti i giorni.

Pulenta mosa
Polenta al latte

Polenta come da ricetta base, usando latte anziché
acqua
200 g di burro

Preparare la polenta. A cottura ultimata, far scioglie-
re il burro nel paiolo prima di versare la polenta.
Eventualmente insaporire con un pizzico di pepe.
Servire ben calda.

*La polenta non ha bisogno di compagnia, vive
una vita a sé, soddisfatta quando si accompagna
a qualcosa e non quando, contro volontà, ci viene
mischiata come se non fosse in grado di badare
a se stessa.*

Fugascìn
Polenta e formaggio

Polenta come da ricetta base, fredda
formaggio di latteria semistagionato

Mettere una fetta di formaggio tra due fette di polenta alte circa 1 cm.
Schiacciare sui bordi e far gratinare in forno fino alla
formazione di una crosticina dorata.

È possibile cucinarla anche alla brace, come una volta.
Servire ben calda.

Lotta impari per golosi e incontinenti che, tacitando
la coscienza con il fatto che la polenta è un cibo
povero e sano, la caricano di formaggio in modo
tale da farla diventare formaggio e polenta.
Anche per rispetto della sequenza alfabetica.

Pulenta cunscia
Polenta condita

Polenta come da ricetta base
100 g di burro
2 spicchi d'aglio
qualche foglia di salvia
100 g di ricotta stagionata grattugiata
(o, in mancanza, di parmigiano)
½ bicchiere di latte

Preparare la polenta. Nel frattempo soffriggere il burro con l'aglio e la salvia.
Quando la polenta è cotta, disporla a cucchiaiate in una teglia, formando strati alternati di polenta e di ricotta grattugiata. Versare il burro fuso ben dorato.
Per ultimo scaldare mezzo bicchiere di latte nel pentolino del soffritto e versarlo sopra al tutto.
Servire ben calda.

Pulenta rustida
Polenta arrostita

Polenta come da ricetta base, fredda
1 cipolla
150 g di burro
200 g di ricotta stagionata grattugiata

Soffriggere la cipolla con il burro, aggiungere la polenta tagliata a fette o a dadini e farla rosolare.
Completare il piatto con abbondante ricotta grattugiata (o di un altro formaggio a piacere).
Servire ben calda.

Non può che essere un avanzo della domenicale polenta, preparata per pranzo.
Tra le due esistono differenze inconciliabili.
Mentre la prima porta con sé la gioia del dì di festa al suo culmine, la seconda, benché buona, ha già il sapore del lunedì.

Polenta, cotechino, mortadella (di fegato) e salame di testa

Polenta come da ricetta base
insaccati misti

Mettere a bagno in acqua fredda per 3 ore gli insaccati, se sono stagionati.
Cambiare l'acqua e portare a ebollizione molto lentamente per circa 1 ora la mortadella, 1 ora e mezzo il cotechino e 3 ore il salame.
Nel frattempo preparare la polenta.
A fine cottura tagliare a fette gli insaccati, quindi servire il tutto ben caldo con la polenta (o, volendo, anche con patate bollite).
In alternativa agli insaccati, alla polenta si può accompagnare la salsiccia abbrustolita.

"Ci vuole un fisico bestiale". Non capisco perché
un piatto del genere non possa essere consumato
a puntate, un po' alla volta.
A meno che non ci sia di mezzo la selezione
dei più deboli a favore di coloro che hanno un fisico,
uno stomaco e una fame bestiali.

Granèi
Polentina

Ingredienti per 4 persone

125 g di farina gialla
125 g di farina bianca
1,5 l di acqua
latte (o burro)
sale

Preparazione

Mischiare le due farine e versarle a pioggia nell'acqua salata poco prima che entri in ebollizione.
Mescolare in continuazione cuocendo per mezz'ora abbondante. La polentina deve risultare consistente come un semolino.
Versare nella fondina e coprire con latte freddo, oppure condire con fiocchetti di burro fresco in sostituzione del latte.

"Granèi" uguale bronchite, tosse grassa,
infiammazione delle alte vie respiratorie.
Chissà se, dopo l'applicazione terapeutica,
qualcuno li riscaldava rimettendoli nella categoria
degli alimenti!

Busècca
Trippa

Ingredienti per 6 persone

1,2 kg di trippa mista di vitello (cuffia e ricciolotta)
burro
50 g di pancetta tesa
1 carota
1 costa di sedano verde
qualche foglia di salvia
brodo vegetale
300 g di fagioli di Spagna lessati
60 g di parmigiano grattugiato
fette di pane bianco
sale e pepe

Preparazione

Lavare accuratamente la trippa e tagliarla a listarelle.
In una casseruola rosolare con il burro la pancetta, le
verdure tagliate a pezzetti e la salvia.
Unire la trippa, lasciarla insaporire per qualche minu-
to, salare e pepare.
Aggiungere brodo vegetale di tanto in tanto e cuocere
per 2 ore circa.
Dieci minuti prima della fine della cottura unire i fa-
gioli.
Servire con il parmigiano, pepe e pane bianco tostato.

Al mio paese la fine dell'anno non coincide,
come nel resto del mondo, con il 31 dicembre.
Cade invece il 5 gennaio, la notte della vigilia
dell'Epifania.
Mentre i fiumi dello champagne e degli spumanti
nostrani sono svaniti insieme ai mal di testa,
la busècca si prepara al suo compito: sovrastare
suoni e rumori, permeare gli olfatti, ricordarci
che non c'è eternità sulla terra, mandarci a casa tardi
dopo la festa con tanti buoni propositi per l'anno
cominciato da poche ore.

Panada
Pancotto

Ingredienti per 4 persone

4 michette (o altro pane) rafferme
1,5 l di brodo di carne
40 g di burro
formaggio grattugiato
sale e pepe

Preparazione

Lasciare in ammollo il pane nel brodo per circa 2 ore.
Quando è diventato morbido, schiacciarlo con una
forchetta, unire il burro, mescolare bene e portare a
ebollizione il tutto sempre mescolando.
Aggiungere sale e pepe, lasciare riposare qualche minuto, quindi servire la Panada calda o tiepida con
formaggio grattugiato a piacere.

Mi capitò, una volta, di visitare un'anziana
che stava terminando la sua cena a base di pancotto.
Erano le sei di una sera d'inverno, aveva ormai
finito, nel piatto resisteva solo una foglia di salvia,
eloquente immagine di una solitudine senza rimedio.

Pan cunsc
Pane condito

Ingredienti per 4 persone

6 panini raffermi (se possibile di segale)
100 g di formaggio grattugiato
100 g di burro
2 spicchi d'aglio

Preparazione

Tagliare il pane a pezzetti, quindi buttare pochi pezzetti alla volta in acqua salata in ebollizione.
Appena vengono a galla scolarli molto bene.
Versarli in una zuppiera, cospargerli di formaggio e tenerli in caldo.
Fare dorare il burro con l'aglio e versarlo sopra il pane, mescolare e servire ben caldo.
Eventualmente si possono aggiungere patate lessate a pezzetti.

Pàtoi
Ravioli di san Vincenzo

Ingredienti per 6 persone

Per il ripieno
450 g di brasato (o di altra carne già cotta)
5-6 amaretti di Saronno
40 g di pane grattugiato
latte
2 uova
prezzemolo tritato
20 g di parmigiano grattugiato
sale e pepe

Per la pasta
300 g di farina bianca
3 uova
sale

Per il condimento
burro
1 spicchio d'aglio
qualche foglia di salvia

Preparazione

Preparare in anticipo il ripieno. Tritare la carne, unire gli amaretti sbriciolati, il pane grattugiato ammollato nel latte e ben strizzato, le uova intere, il prezzemolo e il formaggio grattuggiato mescolando bene. Se l'impasto risultasse troppo morbido, aggiungere ancora un po' di pane grattugiato, se troppo spesso un po' di sugo del brasato. Salare e pepare. Tenere da parte e lasciare riposare.

Preparare la pasta, quindi tirare una sfoglia non troppo sottile. Disporre il ripieno a mucchietti sulla pasta, ripiegarla, schiacciare i bordi dei ravioli e ritagliarli a mano. Lasciare riposare i ravioli qualche ora, poi cuocerli in acqua bollente salata.

Condirli infine con burro fuso aromatizzato con aglio e salvia.

Sono buoni, buonissimi e l'atmosfera di festa dona loro qualcosa in più.
Da piccolo però, obbligato a tenere i capelli corti, mi sembrava di mangiare le mie orecchie un po' a sventola.
Alla maggiore età, oltre al diritto al voto, conquistai anche il diritto di tenere i capelli lunghi per coprire le orecchie.
E i suddetti ravioli divennero ancora più buoni.

Gnocch de castègn
Gnocchi di castagne

Ingredienti per 4 persone

1 kg di castagne
2 uova
farina bianca
formaggio grattugiato
burro
sale

Preparazione

Sbucciare le castagne, lessarle in abbondante acqua.
A cottura ultimata, scolarle e togliere la pellicina.
Passarle nello schiacciapatate, aggiungere le uova, la
farina, il sale e formare un impasto omogeneo ed elastico. Se risultasse troppo spesso aggiungere un po'
d'acqua.
Formare degli gnocchetti come per quelli di patate.
Cuocerli in acqua bollente salata, scolarli e condirli
con burro fuso e abbondante formaggio grattugiato.

Lesagn de castègn

Lasagne di castagne

Ingredienti per 4 persone

1 kg di castagne
2 uova
farina bianca
formaggio grattugiato
burro
sale

Preparazione

Per la preparazione dell'impasto procedere come nella ricetta degli *Gnocch de castègn*.
Col mattarello stendere una sfoglia di circa 1 mm di spessore.
Tagliare la sfoglia a piacere, anche in modo irregolare.
Cuocere in acqua bollente salata e condire con abbondante burro fuso e formaggio grattugiato.

Supa de scigùll
Zuppa di cipolle

Ingredienti per 4 persone

800 g di cipolle bianche
olio
salvia
farina bianca
1,5 l di brodo di carne
8 fette di pane
formaggio
sale e pepe

Preparazione

Tagliare le cipolle a fettine sottili e metterle ad ammorbidire con l'olio e la salvia in una pentola a fuoco molto basso. Quando la cipolla si è completamente sfatta e inizia a imbiondire aggiungere una spolverata di farina, salare, pepare e unire il brodo già caldo.
Lasciare cuocere per circa 15 minuti. Nel frattempo tostare le fette di pane in un tegame con poco olio.
Mettere il pane tostato nelle fondine, ricoprirle con formaggio a fettine sottili, versare sopra la zuppa ben calda, una macinata di pepe e servire.
Volendo, si può gratinare leggermente la zuppa quando è già impiattata.
La stessa minestra si può fare anche con porri o rape.

La mia prima zuppa di cipolle fu una vittoria
dello zio Domenico quando ormai non c'era più.
Pronto in tavola, chiesi un po' schifato:
«Come fate a mangiare questa roba?».
«Con la bocca», fu la risposta in coro delle
Tre Minestre.
Afferrai il cucchiaio, deciso ad assaggiarne
un centilitro e poi digiunare.
Ma il cucchiaio non era un semplice cucchiaio.
Era quello che lo zio Domenico s'era portato
a casa dalla prigionia in Germania, con il quale
s'era nutrito di chissà quali schifezze e brodaglie.
Sul manico era marchiato il suo numero
di prigioniero.
Chissà, in quegli anni, quanto avrebbe gradito
la zuppa che mi stava sotto gli occhi.
Lo affondai nel piatto e cominciai a mangiare.
Poi chiesi se ce ne fosse ancora.
Ma era finita.

Menestra de urtìc
Minestra di ortiche

Ingredienti per 4 persone

1 manciata di germogli di ortiche
1,2 l di brodo (o di latte)
200 g di riso
1 noce di burro
formaggio grattugiato
sale (se si usa il latte)

Preparazione

Tritare finemente le ortiche. Portare a ebollizione il brodo (o il latte) in una casseruola, aggiungere il riso e le ortiche.
A cottura ultimata insaporire con il burro e servire la minestra ben calda con il formaggio grattugiato.
La stessa minestra si può fare anche con la cicoria.

Mangiata una volta sola per curiosità, e dopo aver raccolto personalmente le necessarie ortiche.
Prima di sedere a tavola mi venne servito anche l'aperitivo: un antistaminico.

Secondi e contorni

Rognone trifolato

Ingredienti per 4 persone

300 g di rognone di vitello
1 cucchiaio di olio
50 g di burro
½ cucchiaio di prezzemolo tritato con una fettina
d'aglio schiacciata
1 cucchiaio di farina bianca
2 cucchiai di Marsala
sale e pepe

Preparazione

Tagliare a fettine il rognone e buttarlo in una padella
in cui si è fatto scaldare mezzo cucchiaio d'olio.
Mescolare velocemente perché prenda colore ma non
cuocia del tutto per 2 o 3 minuti, poi scolarlo molto
bene.
Mettere in un'altra padella il burro, l'olio restante, il
prezzemolo e l'aglio e, quando frigge, buttarvi il rognone.
Appena perde il sangue spolverizzare di farina e quando ha assorbito il burro bagnare col Marsala.
Salare e pepare mescolando bene e servire molto caldo.
Tutto deve essere fatto rapidamente e a fuoco forte
affinché il rognone non indurisca.

Non è un cibo ma un profumo.
Il suo effluvio ha una potenza tale che può superare
i dieci metri dal punto di cottura.
Permette di individuare donne che sanno ancora
stare ai fornelli, per cui è un ottimo scandaglio
per gli scapoli in cerca di moglie. Si sa che gli uomini
si prendono anche per la gola e che sposare
una banale rosticceria non è ancora permesso.

Cassoeula

Ingredienti per 6-8 persone

1 kg di costine di maiale
200 g di cotenne fresche di maiale
1 pezzetto di codino di maiale
1 pezzetto di piedino di maiale
2 cipolle
30 g di burro
1 rametto di salvia
1 bicchiere di vino bianco secco
3 kg di verza
brodo
2 salamini verzini
sale

Preparazione

Tagliare a pezzi le varie parti del maiale.
Per eliminare parte del grasso, passare le costine e le cotenne al forno per circa 20 minuti a 180 °C; mettere invece in acqua fredda e portare a ebollizione il piedino e il codino (precedentemente puliti e fiammeggiati per eliminare la peluria), facendoli cuocere piano per circa 1 ora.
Affettare le cipolle, farle rosolare con il burro e la salvia, unire le costine e farle insaporire.
Bagnare con il vino, lasciare evaporare, salare, aggiun-

gere il piedino, il codino, le cotenne e una parte della verza, un po' di brodo e cuocere con il coperchio per circa 1 ora.

Completare con i salamini e la restante verza e continuare la cottura per un'altra ora a fuoco lento.

Se non basta ciò che è narrato nel racconto devo proprio fare atto di contrizione e rivedere radicalmente il mio modo di raccontare i fatti.

Gallina ripiena lessata

Ingredienti per 4-6 persone

1 gallina intera di circa 2,5 kg
1 manciata di prezzemolo
1 spicchio d'aglio
2 uova sode
2 manciate di parmigiano grattugiato
2 manciate di pane raffermo ammollato nel latte
4 amaretti di Saronno
3 uova
una patata piccola
sale e pepe

Per il brodo
1 carota
1 cipolla
1 costa di sedano
1 bicchiere di vino bianco
1 foglia di alloro
sale

Preparazione

Pulire la gallina e mettere da parte stomaco, cuore e fegato. Svuotare lo stomaco, buttare tutta la parte interna e lavarlo bene. Pulire il fegato dal fiele e lavare anch'esso bene insieme al cuore. Tritare tutto quanto finemente mettendo il ricavato in una grossa ciotola. Tritare il prezzemolo, l'aglio e le uova sode. Versare anche questi ingredienti nella ciotola, unire il parmigiano, il pane ammollato nel latte e gli amaretti tritati. Salare, pepare e mescolare il tutto unendo le uova intere; se l'impasto risultasse troppo sostenuto ammorbidire con una cucchiaiata o due di acqua o latte.

Con il composto preparato riempire la gallina, inserendo nell'orifizio sottostante il "boccone del prete" la patata pelata a mo' di tappo. Cucire l'addome con un filo e legare infine la gallina affinché rimanga in forma.

Lessarla mettendola in acqua bollente salata con carota, cipolla e sedano, il vino bianco e l'alloro.

Quando la gallina è cotta levarla dal suo brodo, togliere i fili, estrarre il ripieno tagliando la cassa toracica e servirlo affettato disponendolo sul piatto di portata insieme ai pezzi di gallina.

Regale, fumante – forse per la rabbia – sta in centro
alla tavola in attesa che il trinciapollo la faccia
a pezzi.
Mentre lontano si leva il richiamo di una sua pari
felice, per il momento, di aver scampato
la stessa sorte.
Per quanto riguarda il ripieno si veda il relativo
passaggio del racconto.

Stuà

Stufato di manzo

Ingredienti per 4-6 persone

800 g di spezzatino di manzo
1 cipolla
olio
burro
1 bicchiere di vino rosso
½ l di brodo
2 foglie di alloro
4 patate medie
2 carote
sale e pepe

Preparazione

Appassire la cipolla in olio e burro, aggiungere la carne
e rosolare bene, bagnare con il vino e lasciare evaporare. Salare, pepare, aggiungere il brodo e l'alloro. Dopo
2 ore aggiungere le patate e le carote tagliate a pezzetti e continuare la cottura per altri 30 minuti circa.

*"Mangiare sano per eccellenza". Non ho mai capito
perché, ma non ho mai osato mettere in dubbio
tale dichiarazione del Ministro degli Esteri,
probabilmente suggeritale dalla Madonna
del santuario di Lezzeno.*

Fasan a la pana
Fagiano alla panna

Ingredienti per 4 persone

1 fagiano di circa 1 kg
200 g di burro
100 g di pancetta
10 foglioline di salvia
200 g di panna
sale e pepe

Preparazione

Tagliare a pezzi il fagiano, farlo rosolare nel burro con
la pancetta tagliata a dadini, la salvia, il sale e il pepe.
Cuocere lentamente per circa 1 ora.
Aggiungere la panna, cuocere ancora per circa 5 mi-
nuti.
Servire con polenta.

Prima di tutto il fagiano bisogna prenderlo.
A tavola non mancherà qualcuno che, oltre
a mangiarlo, indagherà alla ricerca dei pallini
di piombo, dimostrazione che il volatile
proviene da una battuta di caccia e non da un banale
acquisto in macelleria.

Leur in salmì
Lepre in salmì

Ingredienti per 4-6 persone

1 lepre di circa 1,5 kg
1 l di vino rosso corposo
3 carote
1 cipolla
2 spicchi d'aglio
aromi (1 foglia di alloro, 10 grani di pepe, 10 bacche
di ginepro, 2 chiodi di garofano)
200 g di burro
sale

Preparazione

Tagliare la lepre a pezzi, metterla in una zuppiera con
tutte le verdure tagliate a pezzi grossolani e gli aromi.
Coprire con il vino e lasciare marinare per 48 ore circa.
Mettere poi il tutto in una pentola, aggiungere il bur-
ro, salare e far cuocere lentamente per 2 ore e mezza.
A cottura ultimata passare le verdure, rimetterle nella
pentola e lasciare cuocere ancora per qualche minuto.
Servire con polenta.

Classicamente da consumarsi in numerosa compagnia
e generalmente di cacciatori. Che, a turno,
si vantano di essere stati loro ad abbattere il selvatico.

Ne nascono così discussioni animate
che si concludono quando qualcuno lancia
l'ipotesi che il selvatico si sia autoimmolato.
Può anche capitare che un ospite insinui il dubbio
che non trattasi di lepre ma di gatto.

Capretto in "sguazzèt"

Capretto in guazzetto

Ingredienti per 6 persone

1 quarto posteriore di capretto a pezzetti
1 cipolla media
burro
olio
farina bianca
1 bicchiere di vino bianco secco
1 manciata di prezzemolo tritato
1 spicchio d'aglio
brodo
sale e pepe

Preparazione

Appassire la cipolla affettata finemente in un tegame con burro e olio.
Aggiungere i pezzetti infarinati di capretto facendoli rosolare bene. Salare e pepare, spruzzando di vino bianco. Unire il prezzemolo e lo spicchio d'aglio.
Coprire la carne con un buon brodo e cuocere lentamente per circa un'ora e mezza, fino a che il brodo non sia evaporato tanto da lasciare un sugo denso.
Servire con purea di patate o polenta.

Missultìn
Missoltini

Ingredienti per 4 persone

800 gr di missoltini (agoni seccati)
aceto rosso
prezzemolo tritato (o alloro)

Preparazione

Lavare i pesci con abbondante aceto per eliminare
residui di sale e di grasso, poi pressarli leggermente
con un batticarne.
Cuocere a fuoco bassissimo i missoltini sulla gratella
o sulla brace. Appena si gonfiano un poco, raschiarli
leggermente col coltello per levare le squame.
Metterli, ancora tiepidi, in una terrina insieme al prezzemolo (o alloro), spruzzarli con buon aceto rosso e
lasciarli riposare per almeno 1 ora.
Sono ottimi serviti con fette di polenta abbrustolita.

Modernamente alcuni ristoratori li servono
abbellendoli, secondo loro, con serpentine
di aceto balsamico.
Non si può. Non si deve.
Soprattutto il missoltino non vuole.
Ma, in quanto pesce, resta muto e subisce.

Pâté di vitello

Ingredienti per 8 persone

800 g di polpa magra di vitello
5 dl di vino bianco secco
1 foglia di alloro
2-3 chiodi di garofano
1 cm di stecca di cannella
100 g di burro
1 scalogno
1 carota
1 costa di sedano
1 dl di panna fresca
2-3 cucchiai di brandy
sale e pepe

Preparazione

Tagliare la carne a cubetti e metterla a marinare in frigorifero per 12 ore in una terrina col vino, l'alloro, i chiodi di garofano e la cannella. Il giorno dopo sgocciolarla dalla marinata (che va tenuta da parte) e metterla in una casseruola con 20 g di burro e scalogno, carota e sedano tagliuzzati. Rosolare la carne, versarvi sopra la marinata filtrata, salare, pepare e cuocere per circa 1 ora mescolando spesso. Nel frattempo montare la panna.
Quando la carne è cotta, sgocciolarla e tritarla fine-

mente unendo il restante burro e la panna montata. Poi aggiungere il brandy lavorando bene il composto, che dovrà risultare denso e cremoso. Trasferire il tutto in uno stampo e mettere in frigorifero per almeno 8 ore.

Per servire, immergete per qualche secondo il fondo dello stampo in acqua calda, passare un coltello con la lama sottile lungo le pareti dello stampo, quindi trasferite il pâté su un piatto di portata.

Nervìtt
Nervetti

Ingredienti per 4 persone

3 ginocchia (o piedini) di vitello
1 carota
1 costa di sedano
1 foglia di alloro
olio
aceto
1 cipolla
prezzemolo tritato
sale e pepe

Preparazione

Lavare i pezzi di vitello, poi metterli in una pentola capace con abbondante acqua insieme a carota, sedano, alloro, pepe e sale. Coperchiare, portare a ebollizione e cuocere a fuoco basso per circa 2 ore e mezzo. A fine cottura, scolare le parti di vitello, farle raffreddare bene e scarnificarle togliendo tutti i tendini, che andranno poi messi in frigorifero.
Quando sono freddi, tagliarli a listarelle. Mettere i nervetti in una ciotola e condirli con olio, aceto, sale, pepe, cipolla tagliata a fettine sottili e prezzemolo.
Lasciar riposare circa 2 ore in frigorifero.
Servire ben freddi.

L'inganno sta tutto lì, nel nome.
Poiché i nervetti non sono altro che tendini.
Certo chiamarli così dona una certa elettricità
al piatto, come se la carica elettrica dei nervi
ricostituisse la nostra.
Piuttosto che essere ingannato da una donna,
un amico, un fratello, preferisco esserlo a tavola.
Anche perché ne scuso la vanità, ben sapendo
che il nervo, nonostante ciascuna parte
dell'organismo sia insostituibile, è sottoposto
alle sue funzioni di comando.

Insalata russa

Ingredienti per 6 persone

Per la maionese
2 tuorli
2/2,5 dl d'olio
1 limone
sale

Per le verdure
600 g di verdure miste pulite (carote, patate e piselli)
50 g di cetriolini sott'aceto
olio e aceto
sale

Preparazione

Preparare la maionese (tuorli, olio e limone devono essere a temperatura ambiente).
Mettere in una ciotola i tuorli e un pizzico di sale mescolando bene. Incorporare poco per volta l'olio a filo sottilissimo continuando a mescolare finché la maionese non è ben montata e densa.
Aggiungere due o più, a piacere, cucchiai di succo di limone filtrato e, se serve, aggiustare di sale.
Mettere a raffreddare in frigorifero.
Tagliare le carote e le patate a dadini molto piccoli, più o meno della dimensione dei piselli.

Lessare carote, patate e piselli separatamente in acqua bollente salata facendo attenzione che risultino cotti ma croccanti. Metterli poi a raffreddare in un colino in modo che perdano tutta l'acqua di cottura.

Quando il tutto è freddo, mettere le verdure cotte in una ciotola insieme ai cetriolini tagliati a fettine e condire con un goccio d'olio e uno di aceto.

Unire la maionese mescolando bene.

Far riposare in frigorifero per almeno un'ora.

Scoperta dal Ministro dell'Agricoltura, venne attentamente valutata dal Ministro degli Esteri che, nonostante la stretta osservanza democristiana, ne autorizzò l'uso con decreto, giudicando che non avrebbe veicolato pericolose contaminazioni politiche.

Cipolline in agrodolce

Ingredienti per 4 persone

½ kg di cipolline
20 g di burro
1 cucchiaio di zucchero
20 g di pancetta
1 cucchiaio di aceto
sale

Preparazione

Cuocere burro e zucchero in un tegamino, mescolando sempre, finché lo zucchero comincia a imbiondire. Unire la pancetta ben tritata e subito dopo l'aceto. Rimestare, unire le cipolline sbucciate e un pizzico di sale, coprire, abbassare la fiamma e far cuocere molto piano fino alla completa cottura (ci vorrà circa 1 ora). Le cipolline devono risultare lucide e piuttosto scure.

Il vero uomo non mangia niente in agrodolce.
E anche se gli dicono che non sa cosa si perde,
risponde con un sorriso di superiorità.

Füng
Funghi trifolati

Ingredienti per 4-6 persone

1 kg di funghi
150 g di burro
2 spicchi d'aglio
prezzemolo tritato
sale e pepe

Preparazione

Scaldare il burro con l'aglio, mettere a cuocere i funghi
a fette, mescolare, salare e pepare.
Aggiungere un mestolino d'acqua, portare lentamente
a ebollizione, coprire e lasciare cuocere per 20-30
minuti.
Poco prima di togliere i funghi dal fuoco, cospargerli
di prezzemolo.

*Che sia trifolato o meno, il fungo è parente stretto
delle lumache senza guscio.
È bello da vedere, emana un profumo paragonabile
al canto delle sirene, sviluppa su chi lo cerca
un richiamo quasi ossessivo che a volte
lo porta a sottovalutare rischi mortali.
È viscido, non solo al palato.*

Patati rustii
Patate arrosto

Ingredienti per 4 persone

1 kg di patate
2 cipolle piccole
60 g di burro
sale e pepe

Preparazione

Lessare le patate intere, sbucciarle e tagliarle a fette.
In un tegame fare appassire la cipolla col burro, aggiungere le patate, salare e pepare.
Alzare la fiamma in modo che ora il tutto rosoli a fuoco vivace, schiacciare le patate e rigirarle in continuazione finché formano una leggera crosticina dorata.

*Se le si vogliono gustare è opportuno fare la conta
di quanti bambini ci sono in giro e allontanarli
con le più varie scuse.
In caso contrario, se si vogliono rispettare i diritti
alla precedenza dei minori, conviene decidere di fare
un fioretto dedicato al santo prediletto consistente
nel rinunciare all'assaggio anche di una sola patata.*

Dolci

Belegòtt
Castagne bollite

Mettere le castagne in una pentola, aggiungere acqua
fino a coprirle e farle bollire per circa 1 ora.
Scolarle e lasciarle raffreddare.

*Le castagne bollite sono molto gustose anche
mangiate insieme al latte.*

Castègn e lacc
Castagne e latte

Ingredienti per 4 persone

500 g di castagne
1 l di latte

Preparazione

Sbucciare le castagne, metterle a bollire in acqua e
portarle a cottura finché la pellicina si stacchi facil-
mente.
Ancora calde, scolarle in una zuppiera e aggiungere
latte freddo a piacere.

Svilita,
la castagna bollita
naviga in un biancore
che non le dà calore
ma solo il dispiacere di pensare
che stava dentro un riccio a maturare
per poi cadere, certo, ma distante
da mani intenzionate di privarla
del suo guscio splendente.

Büroll
Caldarroste

Dopo aver inciso la superficie delle castagne con un taglietto, metterle nell'apposita padella con il fondo a graticola e cuocerle sulla fiamma viva finché la buccia si annerisce.

Per avere una cottura omogenea è opportuno scuotere ripetutamente la padella.

Alla fine togliere le castagne dal fuoco e posizionarle a debita distanza dalle braci, coprirle con un panno umido e lasciarle ammorbidire per alcuni minuti.

Appena prima di toglierle dalla fiamma e di coprirle con il panno, si usa anche dare un'abbondante innaffiata di vino rosso.

Camino, fuoco, cocci di vino che passano di mano
in mano, i più vecchi che raccontano in dialetto
le loro storie, perlopiù fatti di guerra o di improbe
fatiche nei boschi o nelle campagne.
Mai un fatto di donne, manco l'universo femminile
non fosse mai esistito.
C'è l'addetto a far saltare le castagne e l'espertone
che sa quando è ora di coprirle con le foglie di verza.
Poi può cominciare l'assalto, più tardi ciascuno,
chiuso nella solitudine della propria camera,
può dare avvio al concerto.

Castègn cu la pana
Montebianco

Ingredienti per 6 persone

1 kg di castagne
150 g di zucchero
½ l di panna fresca da montare
2-3 cucchiai di zucchero a velo

Preparazione

Mettere le castagne sbucciate in una pentola, coprirle completamente d'acqua e farle cuocere, coperchiate, a fuoco basso (ci vorrà all'incirca mezz'ora o più, dipende dalla grandezza delle castagne).
A cottura ultimata privarle della pellicina, aggiungere lo zucchero e passarle nello schiacciapatate formando un monticello (per una ricetta più golosa, insieme allo zucchero è possibile unire una spolverata di cacao magro o di cioccolato fondente grattugiato).
Montare la panna con lo zucchero a velo e ricoprire le castagne.

Meìn
Dolcetti ai fiori di sambuco

Ingredienti per circa 10 pezzi

150 g di farina gialla
150 g di farina di semola
100 g di burro
2 uova
sale
15 g di lievito di birra
Per la cottura in forno: burro e farina
Per decorare: 100 g di zucchero a velo,
5-6 fiori di sambuco

Preparazione

Impastare le due farine con il burro sciolto in precedenza, le uova e un pizzico di sale.
Unire il lievito mescolando bene e lasciare riposare,
coprendo con un panno umido, finché il composto
raddoppia il volume.
Formare delle piccole pagnotte un po' schiacciate,
porle in una teglia imburrata e infarinata, quindi cuocerle a 180 °C per circa 30 minuti.
A cottura ultimata, spolverizzare i dolcetti con zucchero a velo e guarnirli con fiori di sambuco.

Gioia degli occhi per tutti quelli che hanno visto
nascere la primavera e quelli che la vedranno.
Dolce eletto, il preferito dagli angeli e dalle vergini.
Abilmente mentendo, anche coloro che non lo sono
più possono degustarlo, ben consapevoli
di commettere un piccolo, veniale peccato di gola.

Crucànt de nus
Croccante di noci

Ingredienti

400 g di zucchero
400 g di noci
olio
1 limone

Preparazione

Caramellare lo zucchero fino a quando prende un bel colore dorato facendo attenzione che non bruci. Aggiungere le noci tritate e mescolare con un cucchiaio di legno, lasciando sul fuoco per qualche minuto.
Versare il tutto su un piano di marmo (o, in mancanza di questo, su una superficie d'acciaio) unto di olio.
Stendere il composto molto rapidamente, prima che indurisca, con l'aiuto del limone.
Incidere sulla superficie, ancora calda, alcune righe profonde: serviranno per suddividere il croccante quando sarà freddo.

Pan de nus e fich
Pane di noci e fichi

Ingredienti

500 g di noci e fichi secchi (o altra frutta secca
a piacere)
600 g di farina bianca
10 g di lievito di birra
sale
400 g di farina di segale
Per la cottura in forno: burro e farina

Preparazione

Impastare la farina bianca con acqua, sale e lievito,
lasciare riposare per 2 ore.
Aggiungere la farina di segale, ancora acqua quanto
basta e lasciare riposare altre 2 ore.
Completare con la frutta secca e lasciare riposare ancora per 2 ore.
Formare una pagnotta, porla in una teglia imburrata
e infarinata, quindi infornare a 250 °C per circa 1 ora,
controllando la cottura con uno stecchino.
È un tipico dolce di Natale.

*In alternativa si potrebbe mangiare
una scodella di bario e poi lamentarsi di avere
l'intestino bloccato.*

Miascia

Ingredienti per 6 persone

1,5 l di colostro* (o di latte)
3 cucchiai di zucchero
1 pizzico di sale
500 g di farina gialla
foglie di menta (o di erba di San Pietro)
Per la cottura in forno: burro e farina

Preparazione

Portare a bollore il colostro (o il latte), con il sale e lo zucchero, versarvi la farina a pioggia mescolando con la frusta.
Continuare la cottura per 30 minuti.
Versare il composto in una teglia imburrata e infarinata, livellarlo bene e infilzare sulla superficie le foglie di menta (o di erba di San Pietro).
Infornare a 180 °C per circa 1 ora, finché si sarà formata una crosticina dorata.

Il colostro è il primo latte che si forma immediatamente dopo il parto.
Con il colostro che non succhiava il vitello, in ogni famiglia c'era l'abitudine di preparare questo dolce.

Peccato l'abbiano battezzata così: suona male,
spinge a pensare a una cosa in disfacimento.
A mio giudizio andrebbe servita senza nominarla
perché non solo l'occhio ma anche l'orecchio
vuole la sua parte. L'anonimato a volte è necessario
come quando si fa beneficenza.
Tuttavia poiché, per quanto mi riguarda,
come la maggior parte dei dolci non mi piace,
ho pieno rispetto di tutti coloro che concludono
un pranzo festivo con una fetta della suddetta.

Nusìt
Dolcetti di san Vincenzo

Ingredienti per 4 persone

40 g di burro
200 g di farina bianca
2 uova
50 g di zucchero
1 pizzico di sale
½ bustina di lievito
1 cucchiaino di semi di finocchio
Per friggere: olio di semi di arachide
Per decorare: zucchero a velo

Preparazione

Amalgamare bene in una ciotola tutti gli ingredienti, poi trasferire il composto su una spianatoia leggermente infarinata e lavorarlo fino a ottenere un impasto morbido (ma non molle) liscio e compatto. Lasciare riposare per qualche minuto, poi formare dei cordoncini di pasta dello spessore di un paio di centimetri circa e tagliarli in pezzetti grandi come grosse nocciole. Formare delle palline e friggerle a fiamma media in abbondante olio rigirandole spesso finché risulteranno ben gonfie e dorate e cominceranno a galleggiare.
Una volta pronte, farle asciugare su un foglio di carta assorbente e spolverizzarle con zucchero a velo.

Non posso certo affermare che furono un'invenzione
del Ministro dell'Agricoltura. Sarebbe un falso
storico che mi condannerebbe alla lapidazione.
Ma fu lei ad aggiungere all'impasto semi di finocchio
(vecchi, inutili ormai per la riproduzione),
secondo il principio per il quale niente si getta.
Ne ottenne un sapore aromatico, con effetti
collaterali carminativi e diuretici.

Turtei de pum
Frittelle di mele

Ingredienti per 6 persone

2 mele
200 g di farina bianca
1 uovo
2 cucchiai di zucchero
½ bicchiere di latte
sale
Per friggere: olio di semi di arachide
Per decorare: zucchero

Preparazione

Sbucciare le mele e tagliarle a fettine.
Mescolare farina, uovo, zucchero, latte e sale fino a ottenere un impasto morbido e liscio. Aggiungere le fettine di mela.
Versare l'impasto a cucchiaiate nell'olio bollente.
Quando le frittelle sono ben dorate toglierle dal fuoco e fare assorbire l'olio in eccesso su carta assorbente da cucina. Cospargerle con zucchero.
Queste frittelle si possono fare anche con la zucca, che andrà prima cotta in forno, poi passata con lo schiacciapatate. Aggiungere gli altri ingredienti ed eventualmente altra farina per ottenere un impasto ben consistente. Quindi friggere a cucchiaiate.

Gnocch de purtùn

Castagnole

Ingredienti per circa 60 pezzi

500 g di farina bianca
100 g di zucchero
3 uova
1 dl di olio
1 bicchierino di grappa
1 pizzico di sale
Per friggere: olio di semi di arachide
Per decorare: zucchero a velo

Preparazione

Mescolare in una capace terrina con un cucchiaio di legno la farina e lo zucchero, poi unire le uova, l'olio, il bicchierino di grappa e il sale. Lasciare riposare per almeno 1 ora.

Impastare sulla spianatoia con le mani unte di olio fino a ottenere una pasta morbida ed elastica.

Formare quindi dei rotoli dello spessore di un pollice, tagliarli a segmenti di 2-3 cm e tuffarli in olio caldo.

Appena assumono un bel colore biondo chiaro (se diventano scuri sono amari) scolarli bene e asciugarli sulla carta assorbente da cucina.

Spolverizzarli con zucchero a velo.

Vin brulé

Ingredienti per 4 persone

1 l di vino rosso da tavola
100 g di zucchero
3-4 chiodi di garofano
1 pezzetto di cannella
scorza di arancia e di limone

Preparazione

Portare a ebollizione il vino con tutti gli ingredienti.
Quando si alza il bollore, con un fiammifero accendere i vapori di alcol che si sprigionano dalla superficie (flambé).
Servire ben caldo.

Al solo sentirne parlare vengono in mente tre cose:
gli alpini, cui probabilmente si deve l'invenzione
della bevanda.
L'improvviso bollore che essa scatena nel sangue
portando a rischio di ustione naso e orecchie
e dando allo sguardo un'espressione luciferina.
Il mal di denti e le relative sedute dal dentista.

Indice delle ricette

Alcune ricette pubblicate nel volume sono tratte
da *Quaderno di ricette della Muggiasca*,
Museo del latte e della storia della Muggiasca,
Vendrogno 2009

Finito di stampare nel mese di gennaio 2013
presso Elcograf S.p.A., stabilimento di Cles (Trento)
Stampato in Italia - Printed in Italy